부수명칭(部首名稱)

	1획				
一	한 일	大	큰 대	木	나무 목
丨	뚫을 곤	女	계집 녀	欠	하품 흠
丶	점 주(점)	子	아들 자	止	그칠 지
丿	삐칠 별(삐침)	宀	집 면(갓머리)	歹(歺)	뼈앙상할 알(죽을사변)
乙(乚)	새 을	寸	마디 촌	殳	칠 수 (갖은등글월문)
亅	갈고리 궐	小	작을 소	毋	말 무
	2획	尢(尣)	절름발이 왕	比	견줄 비
二	두 이	尸	주검 시	毛	터럭 모
亠	머리 두(돼지해머리)	屮(屮)	싹날 철	氏	각시 씨
人(亻)	사람 인(인변)	山	메 산	气	기운 기
儿	어진사람 인	巛(川)	개미허리(내 천)	水(氵)	물 수(삼수변)
入	들 입	工	장인 공	火(灬)	불 화
八	여덟 팔	己	몸 기	爪(爫)	손톱 조
冂	멀 경(멀경몸)	巾	수건 건	父	아비 부
冖	덮을 멱(민갓머리)	干	방패 간	爻	점괘 효
冫	얼음 빙(이수변)	幺	작을 요	爿	조각널 장(장수장변)
几	안석 궤(책상궤)	广	집 엄(엄호)	片	조각 편
凵	입벌릴 감 (위터진입구)	廴	길게걸을 인(민책받침)	牙	어금니 아
刀(刂)	칼 도	廾	손맞잡을 공(밑스물입)	牛(牜)	소 우
力	힘 력	弋	주살 익	犬(犭)	개 견
勹	쌀 포	弓	활 궁		5획
匕	비수 비	彐(彑)	돼지머리 계(터진가로왈)	玄	검을 현
匚	상자 방(터진입구)	彡	터럭 삼(삐친석삼)	玉(王)	구슬 옥
匸	감출 혜(터진에운담)	彳	조금걸을 척(중인변)	瓜	오이 과
十	열 십		4획	瓦	기와 와
卜	점 복	心(忄·㣺)	마음 심(심방변)	甘	달 감
卩(㔾)	병부 절	戈	창 과	生	날 생
厂	굴바위 엄(민엄호)	戶	지게 호	用	쓸 용
厶	사사로울 사(마늘모)	手(扌)	손 수(재방변)	田	밭 전
又	또 우	支	지탱할 지	疋	필 필
	3획	攴(攵)	칠 복 (등글월문)	疒	병들 녁(병질엄)
口	입 구	文	글월 문	癶	걸을 발(필발머리)
囗	에울 위(큰입구)	斗	말 두	白	흰 백
土	흙 토	斤	도끼 근 (날근)	皮	가죽 피
士	선비 사	方	모 방	皿	그릇 명
夂	뒤져올 치	无(旡)	없을 무 (이미기방)	目(罒)	눈 목
夊	천천히걸을 쇠	日	날 일	矛	창 모
夕	저녁 석	曰	가로 왈	矢	화살 시
		月	달 월	石	돌 석

示(礻)	보일 시		谷	골 곡		10 획
内	짐승발자국 유		豆	콩 두	馬	말 마
禾	벼 화		豕	돼지 시	骨	뼈 골
穴	구멍 혈		豸	발없는벌레 치(갖은돼지시변)	高	높을 고
立	설 립		貝	조개 패	髟	머리털늘어질 표(터럭발)
	6 획		赤	붉을 적	鬥	싸울 투
竹	대 죽		走	달아날 주	鬯	술 창
米	쌀 미		足(𧾷)	발 족	鬲	솥 력
糸	실 사		身	몸 신	鬼	귀신 귀
缶	장군 부		車	수레 거		11 획
网(㓁·罒)	그물 망		辛	매울 신	魚	물고기 어
羊	양 양		辰	별 진	鳥	새 조
羽	깃 우		辵(辶)	쉬엄쉬엄갈 착(책받침)	鹵	소금밭 로
老(耂)	늙을 로		邑(阝)	고을 읍(우부방)	鹿	사슴 록
而	말이을 이		酉	닭 유	麥	보리 맥
耒	쟁기 뢰		釆	분별할 변	麻	삼 마
耳	귀 이		里	마을 리		12 획
聿	붓 율			8 획	黃	누를 황
肉(月)	고기 육(육달월변)		金	쇠 금	黍	기장 서
臣	신하 신		長(镸)	길 장	黑	검을 흑
自	스스로 자		門	문 문	黹	바느질할 치
至	이를 지		阜(阝)	언덕 부(좌부방)		13 획
臼	절구 구(확구)		隶	미칠 이	黽	맹꽁이 맹
舌	혀 설		隹	새 추	鼎	솥 정
舛(䑞)	어그러질 천		雨	비 우	鼓	북 고
舟	배 주		青	푸를 청	鼠	쥐 서
艮	그칠 간		非	아닐 비		14 획
色	빛 색			9 획	鼻	코 비
艸(艹)	풀 초(초두)		面	낯 면	齊	가지런할 제
虍	범의문채 호(범호)		革	가죽 혁		15 획
虫	벌레 충(훼)		韋	다룸가죽 위	齒	이 치
血	피 혈		韭	부추 구		16 획
行	다닐 행		音	소리 음	龍	용 룡
衣(衤)	옷 의		頁	머리 혈	龜	거북 귀(구)
襾	덮을 아		風	바람 풍		17 획
	7 획		飛	날 비	龠	피리 약변
見	볼 견		食(飠)	밥 식(변)	*는	*忄 심방(변) *扌 재방(변)
角	뿔 각		首	머리 수	부수의	*氵 삼수(변) *犭 개사슴록(변)
言	말씀 언		香	향기 향	변형글자	*阝(邑) 우부(방) *阝(阜) 좌부(변)

마음을 밝혀주는 보배로운 거울

명심보감
明心寶鑑

국립중앙도서관 출판시도서목록(CIP)

명심보감(明心寶鑑) : 마음을 밝혀주는 보배로운 거울
[엮은이: 추적]; 감수자: 최청화, 유향미.
— 서울 : 창, 2015 p. ; cm

표제관련정보: 초·중·고에서 일반인까지 꼭 필요한 원본 명심보감!
권말부록: 부수(部首) 일람표 등

ISBN 978-89-7453-222-2 13710 : ₩12000
명심 보감[明心寶鑑]

199.1-KDC6
179.9-DDC23 CIP2015011812

명심보감(明心寶鑑)

2015년 5월 15일 1쇄 발행
2024년 11월 20일 5쇄 발행

감수자 | 최청화/유향미
펴낸이 | 이규인
펴낸곳 | 도서출판 **창**
등록번호 | 제15-454호
등록일자 | 2004년 3월 25일

주소 | 서울특별시 마포구 대흥로4길 49, 1층(용강동 월명빌딩)
전화 | (02) 322-2686, 2687 / **팩시밀리** | (02) 326-3218
홈페이지 | http://www.changbook.co.kr
e-mail | changbook1@hanmail.net

ISBN 978-89-7453-222-2 13710

정가 12,000원
*잘못 만들어진 책은 〈도서출판 **창**〉에서 바꾸어 드립니다.

*이 책의 저작권은 〈도서출판 **창**〉에 있습니다.
저작권법에 의해 보호를 받는 저작물이므로 무단 전재와 복제를 금합니다.

마음을 밝혀주는 보배로운 거울

명심보감
明心寶鑑

최청화 · 유향미 감수

삼강오륜

三綱(삼강): 도덕에서 기본이 되는 세 가지 강령

君爲臣綱(군위 신강)
신하는 임금을 섬기는 것이 근본이고

父爲子綱(부위 자강)
아들은 아버지를 섬기는 것이 근본이고

夫爲婦綱(부위 부강)
아내는 남편을 섬기는 것이 근본이다.

五倫(오륜) : 사람이 지켜야 할 다섯 가지 도리

父子有親(부자유친)
아버지와 아들 사이에는 친애가 있어야 하고

君臣有義(군신유의)
임금과 신하 사이에는 의리가 있어야 하고

夫婦有別(부부유별)
남편과 아내 사이에는 분별이 있어야 하고

長幼有序(장유유서)
어른과 어린이 사이에는 차례가 있어야 하고

朋友有信(붕우-유신)
벗과 벗 사이에는 믿음이 있어야 한다.

머리말

　명심보감은 고려 충렬왕 때 예문관 제학을 지낸 추적이 중국 고전에서 성현(聖賢)들의 주옥같은 금언(金言)과 명구(名句)를 모아 만든 인격 수신서(修身書)이다. 주로 한문을 배우기 시작할 때 천자문을 익힌 다음 동몽선습과 함께 기초 과정 교재로 쓰였으며, 일찍이 선조들이 널리 애독하고 소중히 여겼던 도덕 교과서로서 우리 민족의 정신적 가치관 형성에 일익을 담당해 왔다. 내용은 본래 계선편·천명편 등 모두 20편으로 되어 있었으나 후일에 와서 증보편·효행편(속)·염의편·권학편을 팔반가를 보강한 내용을 모두 수록하였다. 비록 한문 고전에서 단편적인 교훈을 모아 놓은 것이지만 그 생명과 가치는 오늘날에도 생생하게 빛나고 있으므로 '마음을 밝게 하는 거울'임에 틀림이 없다. 따라서 모든 사람들이 항상 좌우명(座右銘)으로 삼고 본받아야 할 가르침의 말들을 이 책을 통해 많은 사람들이 선한 본성을 되찾고 인격을 도야하여 지성인이 될 것을 바라는 바이다.

　이 책의 특징은 원문 아래에 어려운 한자와 어휘 풀이를 통해 한문 문장에 대한 독해력을 길러 주고자 했으며, 원문에 대한 이해를 높이고자 구체적인 예화를 덧붙였다. 그리고 모르는 뜻을 되새기도록 참고란을 두어 본문에 연관된 문구를 한 눈에 알아볼 수 있게 강조하였다. 그러므로 한문의 기초적 이해를 도모할 수 있는 일석이조의 책이라 늘 곁에 두고 마음의 거울로 삼기 바란다.

　*부록편에 명심보감 원본 쓰기노트가 첨부되어 있음.

한자(漢字)에 대하여

1. 한자(漢字)의 필요성

지구상에서 한자가 통용되는 인구는 줄잡아 14억을 넘고 있다. 최근 글로벌 시대를 맞이하여 한자를 사용하고 있는 한국·중국·일본을 중심으로 한 동아시아의 경제와 문화가 급격히 부상하면서 한자 학습의 중요성이 더욱 강조되고 있다.

2. 한자(漢字)의 생성 원리

한글은 말소리를 나타내는 소리글자 즉, 표음문자(表音文字)이지만, 한자는 그림이나 사물의 형상을 본떠서 시각적으로 의미를 전달하는 뜻글자로 표의문자(表意文字)이다. 대부분의 사람들은 한자를 공부하는 데 우선 어렵다고 느껴지겠지만 한자의 기본 원칙인 육서(六書)를 익혀두고, 기본 부수풀이를 익힌다면 한자를 이해하는 데 많은 도움이 될 것이다.

(가) 한자(漢字)의 세 가지 요소

모든 한자는 고유한 모양 '형(形)'과 소리 '음(音)'과 뜻 '의(義)'의 세 가지 요소로 이루어져 있으며, 일반적으로 뜻을 먼저 읽고 나중에 음을 읽는다.

모양	天	地	日	月	山	川
소리	천	지	일	월	산	천
뜻	하늘	땅	해·날	달	메	내

(나) 한자(漢字)를 만든 원리

① 상형문자(象形文字) : 구체적인 사물의 모양을 본떠 만든 것.
   (예 : ☉ → 日 , → 山 , → 川)
   日 : 해의 모양을 본뜬 글자로 '해'를 뜻한다.

② 지사문자(指事文字) : 그 추상적인 뜻을 점이나 선으로 표시하여 발전한 글자.
   (예 : 上, 下, 一, 二, 三)

③ 회의 문자(會意文字) : 상형이나 지사의 원리에 의하여 두 글자의 뜻을 합쳐 결합하여 새로운 뜻을 나타내는 글자.
   (예 : 日 + 月 → 明, 田 + 力 → 男)

④ 형성문자(形聲文字) : 상형이나 지사문자들을 서로 결합하여 뜻 부분과 음 부분 나타내도록 만든 글자.
   (예 : 工 + 力 → 功)

⑤ 전주문자(轉注文字) : 이미 만들어진 글자를 최대한으로 다른 뜻으로 유추하여 늘여서 쓰는 것.
   (예 : 樂 → 풍류 악, 즐거울 락, 좋아할 요 惡 → 악할 악, 미워할 오)

⑥ 가차문자(假借文字) : 이미 있는 글자의 뜻에 관계 없이 음이나 형태를 빌어다 쓰는 글자.
   (예 : 自 → 처음에는 코(鼻 : 코 비)라는 글자였으나 그 음을 빌려서 '자기'라는 뜻으로 사용.

(다) 부수(部首)의 위치와 명칭

❶ 머리(冠)·두(頭)
부수가 글자의 위에 있는 것.
대표부수: 亠, 宀, 竹, 艸(艹)

　　宀 갓머리(집면) : 官(벼슬 관)
　　艹(艸) 초두머리(풀초) : 花(꽃 화), 苦(쓸 고)

❷ 변(邊)
부수가 글자의 왼쪽에 있는 것.
대표부수: 人(亻), 彳, 心(忄), 手(扌), 木, 水(氵), 石

　　亻(人) 사람인변 : 仁(어질 인), 代(대신 대)
　　禾 벼화변 : 科(과목 과), 秋(가을 추)

❸ 발·다리(脚)
부수가 글자의 아래에 있는 것.
대표부수: 儿, 火(灬), 皿

　　儿 어진사람인 : 兄(형 형), 光(빛 광)
　　灬(火) 연화발(불화) : 烈(매울 열), 無(없을 무)

❹ 방(傍)
부수가 글자의 오른쪽에 있는 것.
대표부수: 刀(刂), 攴(攵), 欠, 見, 邑(阝)

　　刂(刀) 선칼도방 : 刻(새길 각), 刑(형벌 형)
　　阝(邑) 우부방 : 郡(고을 군), 邦(나라 방)

❺ 엄(广)
부수가 글자의 위에서 왼쪽으로 덮여 있는 것.
대표부수: 厂, 广, 疒, 虍

广 엄호(집엄) : 序(차례 서), 度(법도 도)
尸(주검시) : 居(살 거), 局(판 국)

❻ 받침
부수가 왼쪽에서 밑으로 있는 것.
대표부수: 廴, 走, 辵(辶)

廴 민책받침(길게걸을인) : 廷(조정 정), 建(세울 건)
辶(辵) 책받침(쉬엄쉬엄갈착) : 近(가까울 근), 追(따를 추)

❼ 몸
부수가 글자를 에워싸고 있는 것.
대표부수: 凵, 口, 門

凵 위튼입구몸(입벌릴감) : 凶(흉할 흉), 出(날 출)

匸 감출혜 : 匹(짝 필), 區(구분할 구)
匚 튼입구몸(상자방) : 匠(장인 장), 匣(갑 갑)

門 문문 : 開(열 개), 間(사이 간)

口 큰입구몸(에운담) :
四(넉 사), 困(곤할 곤), 國(나라 국)

❽ 제부수
부수가 그대로 한 글자를 구성한다.

木(나무목) : 本(근본 본), 末(끝 말)
車(수레거) : 軍(군사 군), 較(비교할 교)
馬(말마) : 驛(역마 역), 騎(말탈 기)

한자 쓰기의 기본 원칙

1. 위에서 아래로 쓴다.

위를 먼저 쓰고 아래는 나중에
工(장인 공) → 一 丁 工,　　三(석 삼) → 一 二 三

2. 왼쪽에서 오른쪽으로 쓴다.

왼쪽을 먼저, 오른쪽을 나중에
川(내 천) → 丿 丿丿 川,　　江(강 강) → 丶 丶 氵 汀 江 江

3. 가로획과 세로획이 겹칠 때에는 가로획을 먼저 쓴다.

木(나무 목) → 一 十 才 木
吉(길할 길) → 一 十 士 圭 吉 吉

4. 삐침과 파임이 만날 때에는 삐침을 먼저 쓴다.

人(사람 인) → 丿 人
文(글월 문) → 丶 一 ナ 文

5. 좌우가 대칭될 때에는 가운데를 먼저 쓴다.

小(작을 소) → 亅 小 小
水(물 수) → 亅 才 水 水

6. 둘러싼 모양으로 된 자는 바깥쪽을 먼저 쓴다.

同(같을 동) → 丨 冂 冂 同 同 同
固(굳을 고) → 冂 冂 冂 固 固 固

7. 글자 전체를 꿰뚫는 획은 나중에 쓴다.

中(가운데 중) → 丨 口 口 中
事(일 사) → 一 ㄇ 曰 亘 亘 事

8. 글자를 가로지르는 획은 나중에 긋는다.

女(계집 여) → ㄑ ㄑ 女
丹(붉을 단) → ㇁ ㇁ 月 丹

9. 오른쪽 위에 점이 있는 글자는 그 점을 나중에 찍는다.

犬(개 견) → 一 ナ 大 犬
伐(칠 벌) → ノ 亻 仁 代 伐 伐

10. 세로획을 먼저 쓴다.

세로획을 먼저 쓰는 경우 由(말미암을 유) → ㇁ 冂 巾 由 由
둘러싸여 있지 않을 경우 王(임금 왕) → 一 丅 千 王

11. 가로획과 왼쪽 삐침일 경우, 가로획을 먼저 쓴다.

가로획을 먼저 쓸 경우 左(왼 좌) → 一 ナ 左 左 左
삐침을 먼저 쓰는 경우 右(오른 우) → 一 ナ 右 右 右

12. 책받침(辶·廴)은 나중에 쓴다.

遠(멀 원) → 十 士 吉 幸 袁 遠
建(세울 건) → ㇁ ㇚ 聿 聿 建 建

※ 받침이 있을 때 먼저 쓰는 글자 : 起(일어날 기) 題(제목 제)

영자팔법(永字八法)

영자팔법(永字八法)은 붓글씨를 쓸 때 한자의 글씨 쓰는 법을 가르치는 방법의 하나로 자주 나오는 여덟 가지 획의 종류를 '永(길 영)'자 한자 속에 쓰는 방법이다. 一(측:側)은 윗점, 二(늑:勒)는 가로획, 三(노:努)은 가운데 내리 획, 四(적:趯)는 아래 구부림, 五(책:策)는 짧은 가로획, 六(약:掠)은 오른쪽에서 삐침, 七(탁:啄)은 짧은 오른쪽 삐침, 八(책:磔)은 왼쪽에서 삐침을 설명한 것이다.

* '①~⑤'은 획순이며, '一~八'은 획의 종류 설명이다.

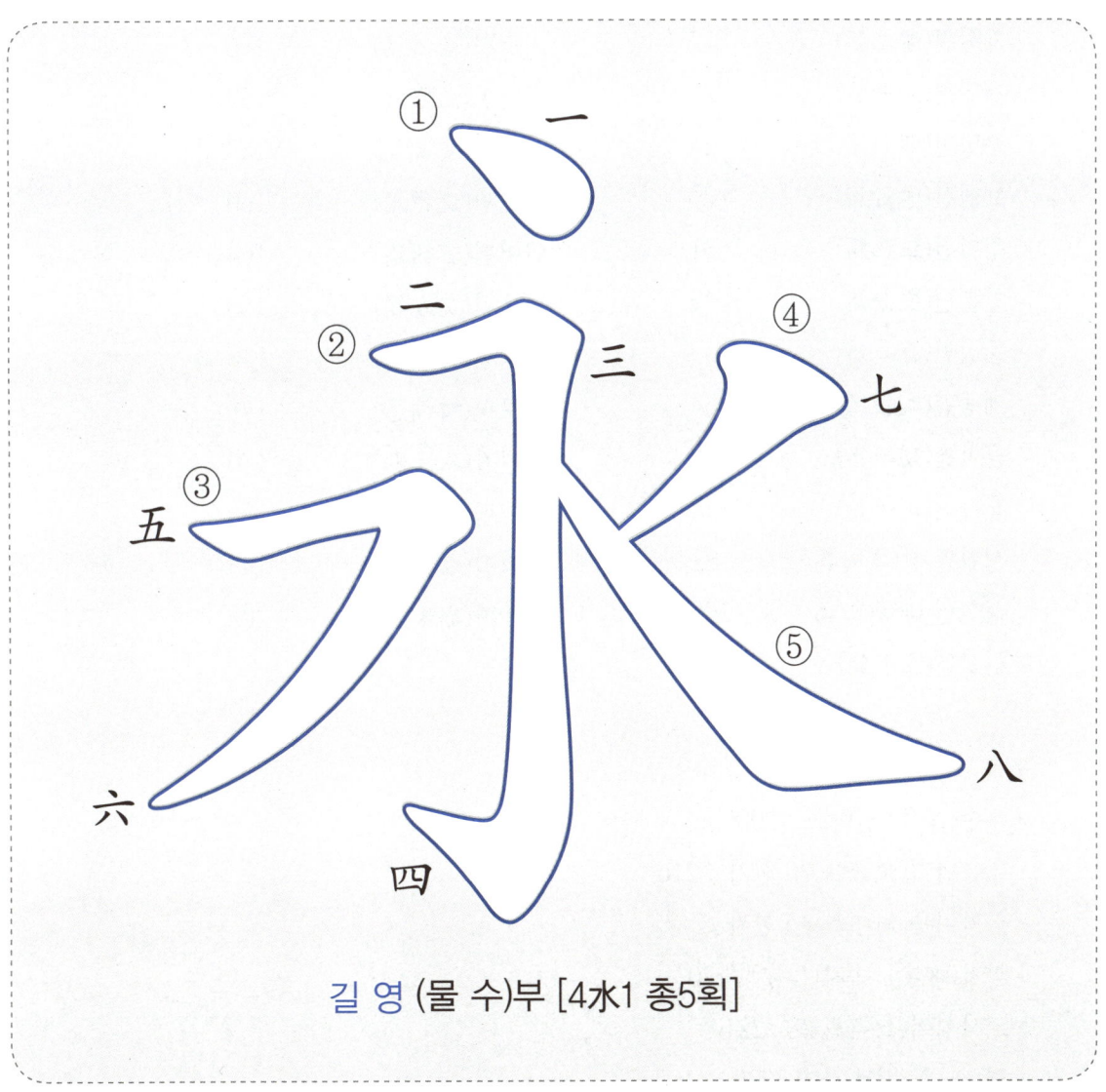

길 영 (물 수)부 [4水1 총5획]

차례

- 머리말 / 5
- 한자(漢子)에 대하여 / 6
- 한자(漢子) 쓰기의 기본 원칙 / 9

계선편(繼善篇) 13	치정편(治政篇) 146
천명편(天命篇) 20	치가편(治家篇) 153
순명편(順命篇) 24	안의편(安義篇) 157
효행편(孝行篇) 27	준례편(遵禮篇) 160
정기편(正己篇) 31	언어편(言語篇) 164
안분편(安分篇) 49	교우편(交友篇) 168
존심편(存心篇) 53	부행편(婦行篇) 173
계성편(戒性篇) 64	증보편(增補篇) 178
근학편(勤學篇) 72	팔반가(八反歌) 180
훈자편(訓子篇) 78	효행편 속(孝行篇 續) 188
성심편 상(省心篇 上) 82	염의편(廉義篇) 195
성심편 하(省心篇 下) 108	권학편(勸學篇) 203
입교편(立敎篇) 129	

부록

- 부수(部首) 일람표 / 208
- 두음법칙(頭音法則) 한자 / 216
- 동자이음(同字異音) 한자 / 217
- 약자(略字)·속자(俗字) / 220
- 고사성어(故事成語) / 221
- 명심보감 원본 쓰기 / 229

계선편(繼善篇)
선행을 계속하라, 더욱 착한 일을 하라

子曰 爲善者는 天報之以福하고
자왈 위선자 천보지이복

爲不善者는 天報之以禍니라.
위불선자 천보지이화

報(갚을 보) 以(써 이) 福(복 복) 禍(재앙 화)

풀이 공자가 말씀하셨다.
선(善)한 일을 하는 사람은 하늘이 복으로 갚아주고 악(惡)한 일을 하는 사람은 하늘이 재앙으로 갚느니라.

참고 **공자(孔子)**: B.C. 552~479. 춘추(春秋)시대 노(魯)나라의 창평향 추읍(昌平鄕 陬邑), 지금의 산동성(山東省) 곡부현(曲阜縣)에서 출생하였음. 이름은 구(丘), 자(字)는 중니(仲尼).

漢昭烈이 將終에 勅後主曰
한소열 장종 칙후주왈

勿以善小而不爲하고
물이선소이불위

勿以惡小而爲之 하라.
물 이 악 소 이 위 지

將(장차 장) 終(마칠 종) 勅(칙서 칙) 勿(금지(말) 물)

풀이 한(漢)나라 소열황제(昭烈皇帝)가 장차 임종하려 할 때에 후주(後主:劉禪)에게 조칙을 내리길, 선(善)한 일이 작다고 해서 아니 하지 말며, 악(惡)한 일이 작다고 해서 하지 말라.

참고 **한소열(漢昭烈)**:B.C 160~223. 삼국시대 촉한(蜀漢)의 소열황제(昭烈皇帝). 성은 유(劉), 이름은 비(備), 자는 현덕(玄德), 소열(昭烈)은 그의 시호이다. 후에 한중왕(漢中王)에 올랐다.

莊子曰 一日不念善 이면
장 자 왈 일 일 불 념 선
諸惡 이 皆自起 니라.
제 악   개 자 기

諸(모든 제) 皆(다(대개) 개) 起(일어날 기)

풀이 장자가 말하였다.
하루라도 선(善)한 일을 염두에 두지 않으면 모든 악(惡)한 것이 다 저절로 일어나느니라.

참고 **장자(莊子)**:B.C 356~290. 이름은 주(周). 송(宋)나라 사람. 노자(老子)의 무위자연설(無爲自然說)을 발전시켜서 노장사상(老莊思想)을 이루었고, 만물일원론(萬物一元論)을 주장하였다. 그는 사생을 초월하여 절대 무한의 경지에 소요(逍遙)함을 목적으로 하였고, 그 인생은 천명(天命)이라는 숙명설(宿命說)을 취했다.

太公曰 見善如渴하고 聞惡如聾하라
태공왈 견선여갈 문악여롱

又曰 善事는 須貪하고 惡事는 莫樂하라.
우왈 선사 수탐 악사 막락

渴(목마를 갈) 聾(귀머거리 롱) 須(모름지기 수) 貪(탐할 탐)

풀이 태공이 말하였다.
선(善)한 것을 보거든 목마를 때 물을 보듯 하고, 악(惡)한 것을 듣거든 귀 먹은 것처럼 하라. 또 이르기를, 선(善)한 일은 모름지기 탐내고 악(惡)한 일은 즐겨하지 마라.

참고 태공(太公) : 본명(本名)은 여상(呂尙), 여망(呂望)이라고도 한다. 위수(渭水)에서 낚시를 하다가 문왕(文王)에게 발탁되었다.

馬援曰 終身行善이라도 善猶不足이요
마원왈 종신행선 선유부족

一日行惡이라도 惡自有餘니라.
일일행악 악자유여

援(구원할 원) 猶(오히려 유) 足(족할 족) 餘(남을 여)

풀이 마원이 말하였다.
죽을 때까지 선(善)한 일을 해도 선한 일은 오히려 부족하고, 하루라도 악(惡)한 일을 행하면 악한 일은 저절로 남음이 있느니라.

참고 마원(馬援) : B.C. 11~A.D. 49. 후한(後漢)의 장군. 티베트족을 정벌하고 남방 교지(南方交趾)의 반란을 평정하고 흉노(匈奴)를 토벌하는 등 많은 공(功)을 세웠다.

계선편(繼善篇)

司馬溫公曰 積金以遺子孫이라도
사 마 온 공 왈　적 금 이 유 자 손

未必子孫이 能盡守요
미 필 자 손　　능 진 수

積書以遺子孫이라도 未必子孫이
적 서 이 유 자 손　　　미 필 자 손

能盡讀이니 不如積陰德於冥冥之中하여
능 진 독　　불 여 적 음 덕 어 명 명 지 중

以爲子孫之計也니라.
이 위 자 손 지 계 야

積(쌓을 적) 遺(남길/끼칠 유) 讀(읽을 독) 盡(다할 진) 陰(응달 음) 德(덕 덕) 冥(어두울 명) 計(꾀 계)

풀이 사마온공이 말하였다.
금[돈]을 모아서 자손에게 남겨주더라도 자손이 지킬 수 없을 것이고, 책을 모아서 자손에게 남겨주더라도 자손이 다 읽을 수 없을 것이다. 차라리 남모르게 음덕(陰德)을 쌓아서 자손을 위한 계책을 삼느니만 같지 못하니라.

참고 **사마온(司馬溫)**: 1019~1086. 북송(北宋)의 정치가이며 학자. 이름은 광(光), 자(字)는 군실(君實), 호는 우부(迂夫) 또는 우수(迂叟).

景行錄에 曰 恩義를 廣施하라
경 행 록　　왈 은 의　　광 시

人生何處不相逢가 讐怨을 莫結하라
인 생 하 처 불 상 봉　　수 원　　막 결

路逢狹處면 難回避니라.
노 봉 협 처 난 회 피

恩(은혜 은) 廣(넓을 광) 施(베풀 시) 逢(만날 봉) 讐(원수 수) 怨(원망할 원) 狹(좁을 협)
難(어려울 난) 避(피할 피)

풀이 「경행록」에 말하였다.

은혜로운 일과 의(義)로운 일을 널리 베풀라. 사람살이가 어느 곳에서든 서로 만나지 않겠는가. 원수와 원한을 맺지 말라. 길이 좁은 곳에서 만나면 회피하기 어려우니라.

참고 **경행록(景行錄)** : 송(宋)나라 때 지은 책.

莊子曰 於我善者도 我亦善之하고
장 자 왈 어 아 선 자 아 역 선 지
於我惡者도 我亦善之니라 我旣於人
어 아 악 자 아 역 선 지 아 기 어 인
에 無惡이면 人能於我에 無惡哉인저.
  무 악   인 능 어 아 무 악 재

亦(또 역) 旣(이미 기) 能(능할 능) 哉(어조사 재)

풀이 장자가 말하였다.

나에게 선(善)한 일을 하는 자에게도 나 또한 선하게 대하고, 나에게 악(惡)한 짓을 하는 자에게라도 나는 또한 선하게 대할 것이다. 내가 이미 남에게 악하게 함이 없으면 남도 나에게 악하게 함이 없을 것이다.

東岳聖帝垂訓에 曰 一日行善이라도
동악성제수훈 왈 일일행선

福雖未至나 禍自遠矣요 一日行惡이라도
복수미지 화자원의 일일행악

禍雖未至나 福自遠矣라 行善之人은
화수미지 복자원의 행선지인

如春園之草하여 不見其長이라도
여춘원지초 불견기장

日有所增하고 行惡之人은
일유소증 행악지인

如磨刀之石하여 不見其損이라도
여마도지석 불견기손

日有所虧니라.
일유소휴

垂(드리울 수) 訓(가르칠 훈) 雖(비록 수) 至(이를 지) 禍(재앙 화) 如(같을 여) 園(동산 원)
所(바 소) 增(더할 증) 磨(갈 마) 刀(칼 도) 損(덜 손) 虧(이지러질 휴)

풀이 동악성제(東岳聖帝) 「수훈(垂訓)」에 말하였다.
하루 선(善)한 일을 행하면 비록 복(福)이 바로 오는 것은 아니지만 화(禍:재앙)는 저절로 멀어지고, 하루 악(惡)한 일을 행하면 재앙이 곧 오지는 않으나 복은 저절로 멀어진다. 선(善)한 일을 하는 사람은 봄 동산의 풀과 같아서 자라는 것이 보이지는 않지만 날마다 자라는 것이 있고, 악(惡)한 일을 하는 사람은 칼을 가는 숫돌과 같아서 닳아 없어지는 것은 보이지 않지만 날마다 이지러지는 것이 있을 것이니라.

> **참고** **동악성제(東岳聖帝)** : 도가(道家)에 속하는 사람으로, 사람의 수명과 복록(福祿)을 맡는다는 '태산부군(泰山府君)'의 다른 이름. 동악묘(東岳廟, 태산의 신을 모심)의 본존(本尊).
> **수훈(垂訓)** : 훈계를 내림.

子曰 見善如不及하고
자왈 견선여불급

見不善如探湯하라.
견불선여탐탕

及(미칠 급) 探(더듬을 탐) 湯(물(끓을 탕)

> **풀이** 공자가 말씀하셨다.
> 선(善)한 일을 보거든 부족한 것처럼 여기고, 선하지 않은 일을 보거든 끓는 물을 더듬는 것처럼 여겨라.

천명편(天命篇)
하늘의 명에 정성을 다해 착하게 살아라

子曰 順天者는 存하고
자왈 순천자 존

逆天者는 亡이니라.
역천자 망

順(순할 순) 存(있을 존) 逆(거스를 역) 亡(망할 망)

풀이 맹자가 말씀하셨다.
하늘의 명(命)에 순종하는 자는 살아남고, 하늘의 명을 거역하는 자는 망하느니라.

참고 **맹자(孟子)**: B.C. 372~289. 전국시대(戰國時代)의 사상가(思想家). 이름은 가(軻). 자는 자여(子輿) 또는 자거(子車). 산동성(山東省) 추현(鄒縣)에서 출생하였음. 공자의 학문을 계승 발전시켜서 인의예지(仁義禮智)의 네 가지 덕이 인간의 본성이라 하여 '성선설(性善說)'을 주장하였음. **천명(天命)**: 하늘의 명령.

康節邵先生曰 天聽이 寂無音하니
강절소선생왈 천청 적무음

蒼蒼何處尋고 非高亦非遠이라
창 창 하 처 심   비 고 역 비 원

都只在人心이니라.
도 지 재 인 심

聽(들을 청) 寂(고요할 적) 蒼(푸를 창) 尋(찾을 심) 都(모두 도) 只(다만 지)

풀이 강절소 선생이 말하였다.
하늘의 들으심이 고요하여 소리가 없으니, 푸르고 푸른 어느 곳에서 찾을까. 그것은 높지도 않고 또한 멀지도 않다. 다만 모두가 사람 마음속에 있느니라.

참고 강절 소선생(康節邵先生) : 1011~1077. 송(宋)나라 때 유학자(儒學者).

玄帝垂訓에 曰 人間私語라도
현 제 수 훈   왈 인 간 사 어

天聽은 若雷하고 暗室欺心이라도
천 청   약 뢰   암 실 기 심

神目은 如電이니라.
신 목   여 전

帝(임금 제) 語(말씀 어) 若(같을 약) 雷(우레 뢰) 暗(어두울 암) 室(집 실) 欺(속일 기)
神(귀신 신) 目(눈 목) 如(같을 여) 電(번개 전)

풀이 현제(玄帝)의 「수훈(垂訓)」에서 말하였다.
인간이 은밀히 사사로이 하는 말이라도 하늘이 듣는 것은 우레와 같고, 어두운 방 안에서 자신의 마음을 속일지라도 신(神)은 번갯

불처럼 밝게 보느니라.

참고 **현제(玄帝)**: 도교(道敎)에서 말하는 신. 천제(天帝).

益智書에 云 惡鑵이 若滿이면
익 지 서 운 악 관 약 만

天必誅之니라.
천 필 주 지

鑵(두레박 관) 若(만약(혹시) 약) 滿(가득할 만) 誅(벨 주)

풀이 익지서(益智書)에서 말하였다.
만약 악한 그릇(나쁜 마음)이 가득해지면 하늘이 반드시 벌하여 베느니라.

참고 **익지서(益智書)**: 송(宋)나라 때의 교양에 관한 서적.

莊子曰 若人이 作不善하여
장 자 왈 약 인 작 불 선

得顯名者는 人雖不害나 天必戮之니라.
득 현 명 자 인 수 불 해 천 필 육 지

若(만일(혹시) 약) 得(얻을 득) 顯(나타날 현) 雖(비록 수) 害(해칠 해) 戮(죽일 육(륙))

풀이 장자(莊子)가 말하였다.
만일 선하지 않은 일을 해서 세상에 이름을 드러낸 자는, 사람이 비록 해치지 않더라도 하늘이 반드시 죽이느니라.

種瓜得瓜요 種豆得豆니
종 과 득 과   종 두 득 두

天網이 恢恢하여 疎而不漏니라.
천 망   회 회   소 이 불 루

種(심을 종) 瓜(오이 과) 得(얻을 득) 豆(콩 두) 網(그물 망) 恢(넓을 회) 疎(성글 소) 漏(샐 루)

풀이 오이를 심으면 오이를 얻고, 콩을 심으면 콩을 얻으니, 하늘의 그물이 넓고 넓어서 성글기는 하나 새지는 않느니라.

子曰 獲罪於天이면 無所禱也니라.
자 왈 획 죄 어 천   무 소 도 야

獲(얻을 획) 罪(허물 죄) 所(바 소) 禱(빌 도)

풀이 공자가 말씀하셨다.
나쁜 일로 하늘에 죄를 지으면 빌 곳이 없느니라.

순명편(順命篇)
하늘의 명에 따르고 순종하라

子曰 死生이 **有命**이요 **富貴**는 **在天**이니라.
자왈 사생 유명   부귀   재천

順(순할 순) 死(죽을 사) 命(목숨 명) 富(부자(가멸) 부) 貴(귀할 귀) 在(있을 재)

풀이 공자가 말씀하셨다.
죽고 사는 것은 명(命)에 있고, 부(富)하고 귀(貴)한 것은 하늘에 달렸느니라.

참고 **순명(順命)**:운명에 따르다. 하늘의 명을 따르고 순종해야 한다.

萬事가 **分已定**이어늘 **浮生**이 **空自忙**이니라.
만사   분이정   부생   공자망

萬(일만 만) 事(일 사) 定(정할 정) 浮(뜰 부) 空(빌 공) 忙(바쁠 망)

풀이 세상 모든 일은 분수(分數)가 이미 정해져 있는데, 세상 사람들은 혼자서 부질없이 바쁘게 움직이느니라.

景行錄에 云 禍不可倖免이요
경행록 운 화불가행면

福은 不可再求니라.
복   불가재구

禍(재앙 화) 倖(요행 행) 免(면할 면) 福(복 복) 再(두 재) 求(구할 구)

풀이 「경행록(景行錄)」에서 말하였다.
화(禍:재앙)는 가히 요행으로는 면할 수 없고, 복(福)은 가히 두 번 다시 구하려 하지 말지니라.

時來면 風送滕王閣이요
시래   풍송등왕각

運退면 雷轟薦福碑라.
운퇴   뇌굉천복비

雷(우레 뢰) 轟(울릴 굉) 薦(천거할 천) 福(복 복) 碑(돌기둥 비)

풀이 때가 오니 바람이 등왕각으로 보내고, 운수(運數)가 물러가니 벼락이 천복비에 떨어졌느니라.

참고 **왕발(王勃)**: 당(唐)나라 때의 시인으로 자는 자안(子安). 「등왕각 서(滕王閣序)」를 지어서 세상에 널리 알려졌음. **등왕각(王閣)**: 양자강 유역 남창(南昌)에 있는 누각. **천복비(薦福碑)**: 강서성 천복사에 있던 비(碑). 원나라 때 마치원(馬致遠)이 세운 것이라는 설도 있고, 당나라 때 세워지고 구양순(歐陽詢)이 비문을 썼다는 설도 있다.

列子曰 癡聾瘖瘂도 家豪富요
열자왈 치농음아　　가호부

知慧聰明도 却受貧이라
지혜총명　　각수빈

年月日時該載定하니
년 월 일 시 해 재 정

算來由命不由人이니라.
산 래 유 명 불 유 인

癡(어리석을 치) 聾(귀머거리 롱) 瘖(벙어리 음) 瘂(벙어리 아) 豪(호걸 호) 慧(슬기로울 혜) 聰(귀 밝을 총) 却(도리어 각) 該(그 해) 載(실을 재)

풀이 열자가 말하였다.

어리석고 말 못하는 벙어리라도 집은 호화롭고 부자요, 지혜롭고 총명한 자라도 도리어 가난함을 받느니라. 타고난 운수는 연월일시에 따라 이미 정해져 있으니, 따지고 보면 명(命)에 따르는 것이지 사람에게 연유됨이 아니니라.

참고 **열자(列子)**: 이름은 어구(御寇)로 전국시대 노나라 사람. 사상은 도가(道家)에 속하였으며 충허진인(沖虛眞人), 지덕충허진인(至德沖虛眞人) 등의 칭호가 있음. **음아(瘖瘂)**: 말을 못하는 벙어리.

효행편(孝行篇)
어버이에게 감사하고 보답하라

詩에 曰 父兮生我하시고 母兮鞠我하시니
시 왈 부혜생아 모혜국아

哀哀父母여 生我劬勞하셨다.
애애부모 생아구로

欲報深恩인대 昊天罔極이로다.
욕보심은 호천망극

鞠(기를 국) 哀(슬플 애) 報(갚을 보) 昊(하늘 호) 罔(없을 망) 極(다할 극)

풀이 「시경(詩經)」에서 말하였다.
아버지시여 나를 낳으시고, 어머니시여 나를 기르시니, 슬프고 슬프도다! 부모님이시여! 나를 낳아 기르시느라 애쓰셨도다. 그 깊은 은혜 갚고자 하면 저 높은 하늘과 같아 다함이 없음이로다.

참고 **시경(詩經)**: 삼경(三經)의 하나로, 주(周)나라 대(代)까지의 시(詩)를 공자가 뽑아 편찬했음.

子曰 孝子之事親也에 居則致其敬하고
자 왈 효 자 지 사 친 야   거 즉 치 기 경

養則致其樂하고 病則致其憂하고
양 즉 치 기 락   병 즉 치 기 우

喪則致其哀하며 祭則致其嚴이니라.
상 즉 치 기 애   제 즉 치 기 엄

親(어버이 친) 致(극진히 할 치) 敬(공경할 경) 養(기를 양) 樂(즐길 락) 病(병 병) 憂(근심할 우)
喪(죽을 상) 祭(제사 제) 嚴(엄할 엄)

> **풀이** 공자가 말씀하셨다.
> 효자가 어버이를 섬김에 있어서는 그 기거(起居)하심에 공경을 다하고, 봉양함에 있어서는 그 즐거움을 다하며, 병이 나시면 진정으로 근심하고, 상례를 치를 때에는 슬픔을 다하며, 제사지낼 때에는 엄숙한 마음으로 다하느니라.

子曰 父母在어시든 不遠遊하며
자 왈 부 모 재   불 원 유

遊必有方이니라.
유 필 유 방

在(있을 재) 遠(멀 원) 遊(놀 유) 方(모 방)

> **풀이** 공자가 말씀하셨다.
> 부모가 살아계시거든 집을 멀리 떠나 나돌지 아니하며, 집을 떠나 나돌 때에도 반드시 일정한 곳에 머물러야 하느니라.

子曰 父命召어시든 唯而不諾하고
자왈 부명소   유이불낙

食在口면 則吐之니라.
식재구   즉토지

召(부를 소) 唯(대답할 유) 諾(대답할 낙) 則(곧 즉) 吐(토할(뱉어낼) 토)

풀이 공자가 말씀하셨다.
부모께서 부르시거든 '예'하고 바로 대답하고 머뭇거리지 말며 음식이 입에 들었거든 뱉어내고 달려갈지니라.

太公曰 孝於親이면 子亦孝之하나니
태공왈 효어친   자역효지

身旣不孝면 子何孝焉이리오.
신기불효   자하효언

身(몸(자신) 신) 旣(이미 기) 何(어찌 하) 焉(어조사 언)

풀이 태공이 말하였다.
내가 부모에게 효도하면 내 자식이 또한 나에게 효도하나니, 내가 이미 어버이에게 불효했다면 자식이 어찌 나에게 효도하리오.

孝順은 還生孝順子요 忤逆은
효순   환생효순자   오역

還生忤逆子하나니 不信커든
환생오역자   불신

효행편(孝行篇)

但看簷頭水하라 點點滴滴不差移니라.
단 간 첨 두 수   점 점 적 적 불 차 이

忤(거스를 오) 逆(거스를 역) 簷(처마 첨) 點(점 점) 滴(물방울 적)

풀이 부모에게 효도하고 순종한 사람은 또한 효도하고 순종하는 자식을 낳을 것이요, 부모에게 거스르고 거역한 사람은 또한 거스르고 거역하는 자식을 낳느니라. 믿지 못하거든 처마 끝에 떨어지는 낙수를 보라. 방울방울 떨어짐이 조금도 어긋남이 없느니라.

정기편(正己篇)
나를 바르게 하여 하늘과 하나되게 하라

性理書에 云 見人之善이어든
성리서   운 견인지선

而尋己之善하고 見人之惡이어든
이심기지선   견인지악

而尋己之惡이니 如此라야 方是有益이니라.
이심기지악   여차   방시유익

尋(찾을 심) 如(같을 여) 此(이 차) 是(옳을 시) 益(더할 익)

풀이 「성리서(性理書)」에서 말하였다.
남의 선(善)한 일을 보거든 나의 선한 일을 찾고, 남의 악(惡)한 일을 보거든 나의 악한 일을 찾을 것이니, 이와 같이 하여야 바야흐로 유익함이 있느니라.

참고 **정기(正己)** : 마음과 행실을 바르게 하다. 正은 一과 止. 곧 만물을 창조하고 섭리하는 하늘, 하늘의 도리를 뜻한다. **성리서(性理書)** : 송(宋)나라 때 유학자들이 인간의 심성과 우주의 원리에 관한 책.

景行錄에 云 大丈夫는 當容人이언정
경행록 운 대장부   당용인

無爲人所容이니라.
무위인소용

當(당할(마땅히) 당) 無(없을 무) 所(바 소)

풀이 「경행록」에서 말하였다.
대장부는 마땅히 남을 용서할지언정 남에게 용서받는 일은 없어야 할지니라.

太公이 曰 勿以貴己而賤人하고
태공   왈 물이귀기이천인

勿以自大而蔑小하고
물이자대이멸소

勿以恃勇而輕敵이니라.
물이시용이경적

賤(천할 천) 蔑(업신여길 멸) 恃(믿을 시) 勇(날쌜 용) 輕(가벼울 경)

풀이 태공이 말하였다.
자신을 귀하게 여기고 남을 천하게 여기지 말며, 자신을 크다 여겨 남을 작게 업신여기지 말며, 나의 용맹을 믿고 적을 가벼이 여기지 말지니라.

馬援이 曰 聞人之過失이어든
마원   왈 문인지과실

如聞父母之名하여 耳可得聞이언정
여문부모지명   이가득문

口不可言也니라.
구불가언야

過(허물 과) 失(잃을 실) 得(얻을 득) 聞(들을 문)

풀이 마원(馬援)이 말하였다.

남의 과실[허물]을 듣거든 내 부모의 이름을 들은 것처럼 하여 귀로는 들을지언정 입으로는 말하지 말지니라.

康節邵先生이 曰 聞人之謗이라도
강절소선생   왈 문인지방

未嘗怒하며 聞人之譽라도 未嘗喜하며
미상노   문인지예   미상희

聞人之惡이라도 未嘗和하며
문인지악   미상화

聞人之善이면 則就而和之하고
문인지선   즉취이화지

又從而喜之니라 其詩曰 樂見善人하고
우종이희지   기시왈 낙견선인

樂聞善事하며 樂道善言하고 樂行善意하라
낙문선사   낙도선언   낙행선의

정기편(正己篇) | 33

聞人之惡이어든 如負芒刺하고
문인지악   여부망자

聞人之善이어든 如佩蘭蕙니라.
문인지선   여패난혜

謗(비방할 방) 未(아닐 미) 嘗(일찍 상) 怒(성낼 노) 譽(기릴 예) 喜(기쁠 희) 和(화할 화) 善(착할 선) 就(나아갈 취) 又(또 우) 從(좇을 종) 樂(즐길 락) 事(일 사) 道(말할 도) 意(뜻 의) 負(질 부) 芒(까끄라기 망) 刺(가시 자, 찌를 자(척)) 如(같을 여) 佩(찰 패) 蘭(난초 란) 蕙(혜초 혜)

풀이 강절 소선생이 말하였다.

다른 사람으로부터 비웃음을 받더라도 성내지 말며, 다른 사람으로부터 칭찬을 듣더라도 기뻐하지 말며, 다른 사람의 악행을 듣더라도 이에 동조하지 말며, 다른 사람의 선행을 듣거든 나아가 어울리고 함께 기뻐할지니라. 시(詩)에는 이렇게 말하였다. 선(善)한 사람 보기를 즐거워하고 선한 일을 듣기를 즐거워하며 선한 말을 하기를 즐거워하고 선한 뜻을 행하기를 즐거워하라. 다른 사람의 허물을 듣거든 가시를 등에 진 것처럼 여기고, 다른 사람의 선함을 듣거든 난초와 혜초를 몸에 지닌 것처럼 여겨라.

참고 **난혜(蘭蕙)**: 난초(蘭草)와 혜초(蕙草). 난초가 향기를 풍기듯 군자는 덕(德)을 주변 사람에게 풍겨야 한다는 뜻. **망자(芒刺)**: 까끄라기나 가시 같은 것.

道吾善者는 是吾賊이요
도오선자   시오적

道吾惡者는 是吾師니라.
도오악자   시오사

道(길 도) 吾(나 오) 善(착할 선) 賊(도둑 적) 師(스승 사)

풀이 나의 선(善)한 것을 말해 주는 사람은 곧 나에게 해로운 사람이요, 나의 악한 것을 말해 주는 사람은 나의 스승이니라.

太公이 曰 勤爲無價之寶요
태공　 왈 근위무가지보

愼是護身之符니라.
신 시 호 신 지 부

勤(부지런할 근) 寶(보배 보) 愼(삼갈 신) 護(보호할 호) 符(부신 부)

풀이 태공이 말하였다.
부지런함은 값이 없는 값(헤아릴 수 없는)으로 보배가 되고 조심함은 몸을 보호하는 부적[신표]이니라.

景行錄에 曰 保生者는 寡慾하고
경행록　 왈 보생자　 과욕

保身者는 避名이니 寡慾은
보신자　 피명　 과욕

易나 無名은 難이니라.
이　 무명　 난

保(지킬 보) 寡(적을 과) 避(피할 피) 易(쉬울 이) 難(어려울 난)

풀이 「경행록」에서 말하였다.
삶을 보전하려는 사람은 욕심을 적게 하고, 몸을 보전하려는 사람은 이름을[명예를] 피해야 하니, 욕심을 없게 하기는 쉬우나 이름을 없게 하기는 어려우니라.

子曰 君子有三戒하니 少之時엔
자 왈 군 자 유 삼 계   소 지 시

血氣未定이라 戒之在色하고
혈 기 미 정   계 지 재 색

及其壯也하여는 血其方剛이라
급 기 장 야   혈 기 방 강

戒之在鬪하고 及其老也하여는
계 지 재 투   급 기 로 야

血其旣衰라 戒之在得이니라.
혈 기 기 쇠   계 지 재 득

戒(경계할 계) 血(피 혈) 氣(기운 기) 定(정할 정) 色(빛 색) 及(미칠 급) 壯(씩씩할 장) 剛(굳셀 강)

鬪(싸움 투) 旣(이미 기) 衰(쇠할 쇠)

🔵 풀이 공자가 말씀하셨다.

군자(君子)가 세 가지 경계할 것이 있으니, 어릴 적에는 혈기가 아직 성숙되지 않은 지라 여색(女色)을 경계하고, 장성함에 이르러서는 혈기가 강성하니 다툼(싸움)을 경계하고, 늙음에 이르러서는 혈기가 이미 쇠잔한지라 탐하여 얻으려는 것을 경계해야 하느니라.

孫眞人養生銘에 云 怒甚偏傷氣요
손 진 인 양 생 명   운 노 심 편 상 기

思多太損神이라 神疲心易役이요
사 다 태 손 신   신 피 심 이 역

氣弱病相因이라 勿使悲歡極하고
기 약 병 상 인　　물 사 비 환 극

當令飮食均하라 再三防夜醉하고
당 령 음 식 균　　재 삼 방 야 취

第一戒晨嗔하라.
제 일 계 신 진

怒(성낼 노) 甚(심할 심) 偏(치우칠 편) 傷(상처 상) 損(덜 손) 疲(지칠 피) 役(부릴 역) 因(인할 인)
悲(슬플 비) 歡(기뻐할 환) 極(다할 극) 當(마땅할 당) 令(영 령) 均(고를 균) 醉(취할 취)
第(차례 제) 戒(경계할 계) 晨(새벽 신) 嗔(성낼 진)

풀이 손진인(孫眞人)의 「양생명(養生銘)」에서 말하였다.
성냄(노여움)이 심하면 기운을 상하게 하고 생각이 많으면 정신을 상하게 한다. 정신이 피로하면 마음이 쉽게 지치고 기운이 약하면 병이 따라서 생긴다. 슬퍼하고 기뻐함을 지나치지 말고 마땅히 음식을 고르고 일정하게 하라. 밤에 술에 취하는 일을 거듭 삼가고 새벽에 성내는 일을 가장(제일) 경계하라.

참고 손진인 양생명(孫眞人養生銘) : 손진인(孫眞人)이란 도가(道家)에 속하는 사람으로 이름은 알려지지 않았음.

景行錄에 曰 食淡精神爽이요
경 행 록　왈　식 담 정 신 상

心淸夢寐安이니라.
심 청 몽 매 안

淡(담박할 담) 精(정미 정) 爽(시원할 상) 夢(꿈 몽) 寐(잠잘 매)

정기편(正己篇) | **37**

> 풀이 「경행록」에서 말하였다.
> 음식이 담박하면 정신이 상쾌하고, 마음이 맑으면 꿈과 잠자리가 편안하니라.

定心應物하면 雖不讀書라도
정 심 응 물　　　수 부 독 서
可以爲有德君子니라.
가 이 위 유 덕 군 자

定(정할 정) 心(마음 심) 應(응할 응) 物(만물 물) 雖(비록 수) 讀(읽을 독) 書(글 서) 爲(할 위) 有(있을 유) 德(덕 덕)

> 풀이 마음을 침착히 하여 사물(事物)에 대응한다면, 비록 글을 읽지 않았더라도 덕(德)을 가진 군자라 할 수 있느니라.

近思錄에 云 懲忿을 如救火하고
근 사 록　　운　징 분　　여 구 화
窒慾을 如防水하라.
질 욕　　여 방 수

懲(징계할 징) 忿(성낼 분) 如(같을 여) 救(구원할 구) 窒(막을 질) 慾(욕심 욕) 防(둑 방)

> 풀이 「근사록」에서 말하였다.
> 분한 마음을 누르기를 불 끄듯이 하고, 욕심을 누르기를 새는 물을 막듯이 하라.

> 참고 **근사록(近思錄)** : 송(宋)나라 때 주자와 그의 제자 여조겸(呂祖謙)이 함께 지은 책. 사람이 교양을 높이고 처세를 바르게 하며 양생(養生)을 하는 데 있어서 필요한 금언(金言).

夷堅志에 云 避色을 如避讐하고
이견지 운 피색 여피수

避風을 如避箭하며 莫喫空心茶하고
피풍 여피전 막끽공심다

少食中夜飯하라.
소식중야반

避(피할 피) 讐(원수 수) 風(바람 풍) 箭(화살 전) 莫(말 막) 喫(마실 끽) 空(빌 공) 茶(차 다)
食(밥 식) 夜(밤 야) 飯(밥 반)

풀이 「이견지」에서 말하였다.

여색(女色) 피하기를 원수를 피하는 것과 같이 하고, 바람기 피하기를 화살을 피하는 것과 같이 하며, 빈 속에 차를 마시지 말고, 밤중에 밥을 적게 먹어라.

참고 이견지(夷堅志): 송(宋)나라 때 홍매(洪邁)가 엮은 설화집. 송나라 초부터 그가 살았던 시기의 민간 괴담(怪談)을 엮은 책.

荀子曰 無用之辯과 不急之察을
순자왈 무용지변 불급지찰

棄而勿治하라.
기이물치

用(쓸 용) 辯(말잘할 변) 急(급할 급) 察(살필 찰) 棄(버릴 기) 勿(말 물) 治(다스릴 치)

풀이 순자가 말하였다.

쓸데없는 말과 급하지 않은 일은 버려두고 다스리지 말라.

참고 순자(荀子): B.C. 298~238. 이름은 황(況)으로 전국시대 말기의 조(趙)나라 사람임.

정기편(正己篇)

子曰 衆이 好之라도 必察焉하며
자왈 중   호지   필찰언

衆이 惡之라도 必察焉이니라.
중   오지   필찰언

衆(무리 중) 好(좋을 호) 必(반드시 필) 察(살필 찰) 惡(미워할 오(나쁠 악))

풀이 공자가 말씀하셨다.
모든 사람이 좋아하더라도 반드시 살펴보아야 하고, 모든 사람이 미워하더라도 반드시 살펴보아야 하느니라.

酒中不語는 眞君子요
주중불어   진군자

財上分明은 大丈夫니라.
재상분명   대장부

眞(참 진) 財(재물 재) 丈(어른 장) 夫(지아비 부)

풀이 술 취한 가운데에도 말이 없는 것은 참다운 군자(君子)요, 재물에 대하여 계산이 분명한 것은 대장부(大丈夫)니라.

萬事從寬이면 其福自厚니라.
만사종관   기복자후

從(좇을 종) 寬(너그러울 관) 福(복 복) 自(스스로 자) 厚(두터울 후)

풀이 모든 일에 너그러움을 베풀면 복(福)이 저절로 두터워지느니라.

太公이 曰 欲量他人이거든 先須自量하라
태공 왈 욕량타인   선수자량

傷人之語는 還是自傷이니
상인지어   환시자상

含血噴人이면 先汚其口니라.
함혈분인   선오기구

量(헤아릴 량) 須(모름지기 수) 傷(상처 상) 還(돌아올 환) 含(머금을 함) 血(피 혈) 噴(뿜을 분)
汚(더러울 오)

풀이 태공이 말하였다.
남을 헤아려 보려거든 먼저 자신을 헤아려 보라. 다른 사람을 해치는 말은 오히려 스스로를 해치는 것이니, 피를 머금어 다른 사람에게 뿜으면 먼저 자신의 입이 더러워지느니라.

凡戱는 無益이요 惟勤이 有功이니라.
범희   무익   유근   유공

凡(무릇 범) 戱(놀다(희롱할) 희) 益(이익 익) 惟(오직 유) 勤(부지런할 근)

풀이 모든 놀이는[희롱은] 이로울 것이 없고 오직 부지런함만이 공(功: 보람)이 있느니라.

太公이 曰 瓜田에 不納履하고
태공   왈 과전   불납리

李下에 不整冠이니라.
이하   불정관

瓜(오이 과) 納(바칠 납) 履(신 리) 李(오얏 리) 整(가지런할 정) 冠(갓 관)

풀이 태공이 말하였다.
남의 오이밭을 지날 때에는 신을 고쳐 신지 말고, 다른 사람의 오얏나무 아래에서는 모자를[갓을] 고쳐 쓰지 말라.

참고 '부정관(不整冠)'이 '不正冠'으로도 되어 있으나 여기서는 '整'으로 함.

景行錄에 曰 心可逸이언정
경행록   왈 심가일

形不可不勞요 道可樂이언정
형불가불로   도가락

心不可不憂니 形不勞則怠惰易弊하고
심불가불우   형불로즉태타이폐

心不憂則荒淫不定이라 故로
심불우즉황음부정   고

逸生於勞而常休하고
일생어로이상휴

樂生於憂而無厭하나니
낙생어우이무염

逸樂者는 憂勞를 豈可忘乎아.
일락자 우로 기가망호

可(옳을 가) 逸(편안할 일) 勞(힘쓸 로) 樂(즐길 락) 憂(근심할 우) 怠(게으를 태) 惰(게으를 타)
弊(해질 폐) 荒(거칠 황) 淫(음란할 음) 厭(싫을 염) 豈(어찌 기)

풀이 「경행록」에서 말하였다.

마음은 편안해야 하지만 몸은 일을 하지 않을 수 없고, 도(道)는 즐겨야 하지만 마음은 근심하지 않을 수 없으니, 육신이 노력하지 않으면 게을러져서 허물어지기 쉽고, 마음이 근심하지 않으면 주색에 빠져 안정되지 못한다. 그러므로 편안함은 수고로움에서 생겨 늘 기쁘고, 즐거움은 근심하는 것에서 생겨 싫음이 없나니, 편안하고 즐거운 자는 근심과 수고로움을 어찌 잊을 수 있겠는가?

耳不聞人之非하고 目不視人之短하며
이불문인지비   목불시인지단
口不言人之過라야 庶幾君子니라.
구불언인지과   서기군자

視(볼 시) 短(짧을 단) 過(지날(허물) 과) 庶(여러 서) 幾(기미 기)

풀이 귀로는 남의 잘못을 듣지 아니하고, 눈으로는 다른 사람의 단점을 보지 아니하며, 입으로는 다른 사람의 허물을 말하지 않아야 군자이니라.

蔡伯喈曰 喜怒는 在心하고
채백개왈 희노 재심

정기편(正己篇)

言出於口하나니 不可不愼이니라.
언 출 어 구 　　　 불 가 불 신

喜(기쁠 희) 怒(성낼 노) 於(어조사 어) 愼(삼갈 신)

풀이 채백개가 말하였다.
기쁨과 노여움은 마음 속에 있고, 그것을 입 밖으로 내뱉는 것이니 삼가지 않으면 안 되느니라.

참고 **채백개(蔡伯)**: 이름은 옹(邕)으로 자(字)가 백개(伯喈)이다. 후한(後漢) 영제(靈制) 때의 학자, '영자팔법(永字八法)'을 고안함.

宰予晝寢이어늘 子曰 朽木은
재 여 주 침 　　　 자 왈 후 목
不可雕也요 糞土之墻은 不可圬也니라.
불 가 조 야 　 분 토 지 장 　 불 가 오 야

寢(잠잘 침) 朽(썩을 후) 雕(새길 조) 糞(똥 분) 墻(담 장) 圬(흙손질할 오)

풀이 재여(宰予)가 낮잠을 자는 것을 보고 공자가 말씀하셨다.
썩은 나무에는 새길[조각할] 수 없고, 썩은 흙으로 쌓은 담은 흙손질을 할 수 없느니라.

참고 **재여(宰予)**: 춘추시대의 노(魯)나라 사람으로 자는 자아(子我), 재아(宰我)라고도 함. 공문십철(孔門十哲)의 한 사람으로 자공(子貢)과 더불어 언변(言辯)에 능하였음.

紫虛元君 誠諭心文에 曰
자 허 원 군 　 성 유 심 문 　 왈

福生於淸儉하고 德生於卑退하고
복 생 어 청 검　　덕 생 어 비 퇴

道生於安靜하고 命生於和暢하니라
도 생 어 안 정　　명 생 어 화 창

憂生於多慾하고 禍生於多貪하고
우 생 어 다 욕　　화 생 어 다 탐

過生於輕慢하고 罪生於不仁이니라
과 생 어 경 만　　죄 생 어 불 인

戒眼하여 莫看他非하고 戒口하여
계 안　　막 간 타 비　　계 구

莫談他短하고 戒心하여 莫自貪嗔하고
막 담 타 단　　계 심　　막 자 탐 진

戒身하여 莫隨惡伴하라 無益之言을
계 신　　막 수 악 반　　무 익 지 언

莫妄說하고 不干己事를 莫妄爲하라
막 망 설　　불 간 기 사　　막 망 위

尊君王孝父母하며 敬尊長奉有德하고
존 군 왕 효 부 모　　경 존 장 봉 유 덕

別賢愚恕無識하라 物順來而勿拒하고
별 현 우 서 무 식　　물 순 래 이 물 거

物旣去而勿追하며 身未遇以勿望하고
물 기 거 이 물 추　　신 미 우 이 물 망

事已過而勿思하라 聰明도 多暗昧요
사 이 과 이 물 사　　　총 명　　다 암 매

算計도 失便宜니라 損人終自失이요
산 계　　실 편 의　　　손 인 종 자 실

依勢禍相隨라 戒之在心하고
의 세 화 상 수　　계 지 재 심

守之在氣라 爲不節而亡家하고
수 지 재 기　　위 부 절 이 망 가

因不廉而失位니라 勸君自警於平生하노니
인 불 렴 이 실 위　　권 군 자 경 어 평 생

可歎可驚而可畏니라 上臨之以天鑑하고
가 탄 가 경 이 가 외　　상 림 지 이 천 감

下察之以地祇라 明有三法相繼하고
하 찰 지 이 지 기　　명 유 삼 법 상 계

暗有鬼神相隨라 惟正可守요
암 유 귀 신 상 수　　유 정 가 수

心不可欺니 戒之戒之하라.
심 불 가 기　　계 지 계 지

儉(검소할 검) 卑(낮을 비) 靜(고요할 정) 暢(펼 창) 憂(근심 우) 慾(욕심 욕) 貪(탐할 탐)
慢(게으를 만) 罪(허물 죄) 仁(어질 인) 戒(경계할 계) 嗔(성낼 진) 隨(따를 수) 伴(짝 반)
益(이득 익) 妄(허망할 망) 說(말씀 설) 干(방패 간) 尊(높을 존) 孝(효도 효) 敬(공경할 경)
奉(받들 봉) 別(나눌 별) 賢(어질 현) 愚(어리석을 우) 恕(용서할 서) 識(알 식) 順(순할 순)
拒(막을 거) 旣(이미 기) 遇(만날 우) 望(바랄 망) 聰(귀 밝을 총) 昧(어두울 매) 便(편할 편)
勢(기세 세) 戒(경계할 계) 守(지킬 수) 節(마디 절) 因(인할 인) 廉(청렴할 렴) 勸(권할 권)
君(그대 군) 警(경계할 경) 歎(탄식할 탄) 驚(놀랄 경) 畏(두려워할 외) 臨(임할 림) 鑑(거울 감)
察(살필 찰) 祇(토지신 기) 繼(이을 계) 鬼(귀신 귀) 神(신령 신) 惟(오직 유) 欺(속일 기)

풀이 자허원군의 「성유심문」에서 말하였다.

복(福)은 청렴하고 검소한 데서 생기고, 덕(德)은 자신을 낮춰 겸손한 데서 생기고, 도(道)는 편안하고 고요한 데서 생기고, 생명은 화창한 데서 생기느니라. 근심은 욕심이 많은 데서 생기고, 재앙은 탐욕이 많은 데서 생기고, 과실은 경솔하고 교활한 데서 생기고, 죄악은 어질지 못한 데서 생기느니라. 눈을 경계하여 다른 사람의 그릇됨을 보지 말고, 입을 경계하여 다른 사람의 결점을 말하지 말고, 마음을 경계하여 탐내거나 성내지 말고, 몸을 경계하여 나쁜 친구를 사귀지 말라. 유익하지 않은 말을 함부로 하지 말고, 나와 관계되지 않는 일은 함부로 간여하지 말라. 임금을 높이 받들고, 부모에게 효도하며, 웃어른을 공경하고, 덕이 있는 사람을 받들며, 어진 사람과 어리석은 사람을 분별하고, 무식한 사람을 꾸짖지 말고 용서하라. 물건이 순리대로 오거든 물리치지 말고, 물건이 이미 지나갔거든 뒤쫓지 말며, 몸이 불우한 가운데 처했더라도 잘 되기를 바라지 말고, 일이 이미 지나갔거든 다시 생각지 말라.

총명한 사람도 때로는 그 생각이 어리석을 수 있고, 계획을 잘 세워도 편리함을 잃는 수가 있다. 남에게 해를 끼치면 자기에게도 해가 되어 돌아오고, 세력에 의존하면 재앙이 서로 따르느니라. 경계하는 것은 마음에 있고, 지키는 것은 기운에 있다. 절약하지 않음으로써 집안을 망치고, 청렴하지 않음으로써 직책을 잃느니라. 당신에게 평생을 두고 스스로 경계하기를 권고하노니, 가히 놀랍게 여겨 잘 새겨두도록 하라. 위에서는 하늘의 거울이 내려보고 있고, 아래에서는 땅의 신령이 살피고 있느니라. 밝은 곳에는 세 가지 법(法:輕·中·重)이 서로 이어져 있고, 어두운 곳에는 귀신이 서로 따르고 있느니라. 오직 바른 도리를 지킬 것이요, 양심을 속이지 말 것이니, 이의 가르침을 경계하고 또 경계하라.

> **참고** **자허원군(紫虛元君)**: 도가(道家)에서 높이는 여자 신선으로 남자 신선은 진군(眞君)이라 부름. 자허(紫虛)란 '하늘'을 뜻하는데, 햇빛을 받은 하늘이 자줏빛을 띤다고 하여 '자허'라고 일컫는다.

안분편(安分篇)
자기의 분수에 만족하라

景行錄에 云 知足可樂이나 務貪則憂니라.
경행록 운 지족가락   무탐즉우

安(편안할 안) 務(힘쓸 무) 貪(탐할 탐) 則(곧 즉) 憂(근심할 우)

풀이 「경행록」에서 말하였다.
만족함을 알면 가히 즐거울 수 있으나, 탐욕에 힘쓰면 근심과 걱정이 생기느니라.

참고 안분(安分) : 하늘에서 주어진 자기의 분수에 만족함.

知足者는 貧賤亦樂하고
지족자   빈천역락
不知足者는 富貴亦憂니라.
부지족자   부귀역우

貧(가난할 빈) 賤(천할 천) 亦(또 역) 富(부할 부) 貴(귀할 귀)

풀이 만족할 줄을 아는 사람은 가난하고 천하여도 즐겁고, 만족할 줄 모르는 사람은 부(富)하고 귀(貴)해졌어도 근심스럽기만 하느니라.

濫想은 **徒傷神**이요 **妄動**은 **反致禍**니라.
남상   도상신   망동   반치화

濫(넘칠 람) 徒(다만(무리) 도) 傷(상처 상) 妄(허망할 망) 反(되돌릴 반)

풀이 쓸데없는[분수에 넘치는] 생각은 다만 정신을 상하게 할 뿐이요, 허황된 행동은 도리어 재앙을 부르느니라.

참고 **남상(濫想)**: 남(濫)은 함부로 하거나 정도에 넘치는 것 등으로 풀이한다. 여기서는 쓸데없는 생각, 허황된 생각을 일컬음.

知足常足이면 **終身不辱**하고
지족상족   종신불욕
知止常止면 **終身無恥**니라.
지지상지   종신무치

常(항상 상) 終(끝날 종) 辱(욕될 욕) 止(머물 지) 恥(부끄러워할 치)

풀이 만족한 줄을 알고 항상 부족해 하지 않는다면 평생토록 욕됨이 없고, 충족함을 알고 항상 충족하게 생각한다면 평생토록 부끄러움이 없느니라.

書經에 **曰 滿招損**하고 **謙受益**이니라.
서경   왈 만초손   겸수익

滿(찰 만) 招(부를 초) 損(덜 손) 謙(겸손할 겸) 受(받을 수) 益(더할 익)

풀이 「서경」에서 말하였다.

교만하거나 화를 내면 손해를 불러들이고, 겸손하면 이익을 얻느니라.

참고 **서경(書經)**: 삼경(三經) 또는 오경(五經)의 하나로 중국의 요순(堯舜)에서부터 주나라 때까지의 정사(政事)에 관한 문서를 수집하여 공자(孔子)가 편찬함.

安分吟에 曰 安分身無辱이요
안 분 음   왈 안 분 신 무 욕
知機心自閑이라 雖居人世上이나
지 기 심 자 한   수 거 인 세 상
却是出人間이니라.
각 시 출 인 간

吟(읊을 음) 辱(욕 욕) 知(알 지) 機(틀(천기) 기) 閑(한가할 한) 雖(비록 수) 居(있을 거) 世(세상 세) 却(도리어 각)

풀이 「안분음」에서 말하였다.

편안한 마음으로 분수를 지키면 몸에 욕됨이 없고, 세상 형편을 잘 알면 마음이 저절로 한가하느니라. 비록 속된 세상에서 살더라도 이는 오히려 인간 세상을[속세를] 벗어나야 하느니라.

참고 **안분음(安分吟)**: 송(宋)나라 소옹(邵雍)이 지은 시로 「격양시(擊壤詩)」라고도 함. 안분(安分)은 편안한 마음으로 분수를 지키다의 뜻이다. **격양집(擊壤集)**: 송나라 때 소옹(邵擁)이 지은 시집으로, 위 글은 「격양집(擊壤集)」에 실린 시이다.

子曰 不在其位면 不謀其政이니라.
자왈 부재기위 불모기정

不(아닐 불(부)) 在(있을 재) 其(그 기) 位(자리 위) 謀(꾀할 모) 政(정사 정)

> 풀이 공자가 말씀하셨다. 그 자리[지위]에 있지 않으면 자기의 직분이 아닌 나랏일을 도모하지 말지니라.

존심편(存心篇)
바르고 착한 마음을 간직하라

景行錄에 云 坐密室을 如通衢하고
경행록   운 좌밀실   여통구

馭寸心을 如六馬하면 可免過니라.
어촌심   여육마   가면과

密(은밀할 밀) 衢(네거리 구) 馭(말부릴 어) 免(면할 면) 過(허물 과)

풀이 「경행록」에서 말하였다.

밀실에 앉아 있다고 할지라도 마치 네거리로 통한 것처럼 생각하고, 작은 마음 제어하기를 마치 여섯 필의 말이 끄는 마차 부리듯 하면 허물을 면할 수 있느니라.

참고 옛날 천자(天子)가 타고 다니는 수레는 여섯 필의 말이 끌었다.

擊壤詩에 云 富貴를 如將智力求라면
격양시   운 부귀   여장지력구

仲尼年少合封侯라 世人은
중니연소합봉후   세인

不解靑天意하고 空使身心半夜愁니라.
불 해 청 천 의   공 사 신 심 반 야 수

如(같을 여) 智(지혜 지) 封(봉할 봉) 侯(제후 후) 解(풀 해) 愁(시름 수)

풀이 「격양시」에서 말하였다.
부귀를 지혜나 힘으로써 얻을 수 있다면, 공자[중니]는 젊은 나이에 마땅히 제후(諸侯)가 되었을 것이다. 세상 사람들은 푸른 하늘의 뜻을 이해하지 못하고, 부질없이 몸과 마음으로써 한밤중에 슬퍼하고 근심하느니라.

范忠宣公이 戒子弟曰 人雖至愚나
범 충 선 공   계 자 제 왈 인 수 지 우

責人則明하고 雖有聰明이나 恕己則昏이라
책 인 즉 명   수 유 총 명   서 기 즉 혼

爾曹는 但當(常)以責人之心으로
이 조   단 당 상 이 책 인 지 심

責己하고 恕己之心으로 恕人이면
책 기   서 기 지 심   서 인

則不患不到聖賢地位也니라.
즉 불 환 부 도 성 현 지 위 야

雖(비록 수) 責(꾸짖을 책) 聰(총명할 총) 恕(용서할 서) 昏(어두울 혼) 爾(너 이) 曹(무리 조) 患(근심 환) 聖(성스러울 성) 賢(어질 현)

풀이 범충선공이 자식을 경계하여 말하였다.

비록 매우 어리석은 사람일지라도 다른 사람을 꾸짖는 데는 밝고, 비록 총명하다고 해도 자기를 용서함에는 어두우니라. 너희들은 마땅히[항상] 다른 사람을 꾸짖는 마음으로 자신을 꾸짖고, 자신을 용서하는 마음으로 다른 사람을 용서한다면 성현(聖賢)의 경지에 이르지 못함을 걱정하지 않아도 되느니라.

참고 **범충선공(范忠宣公)** : 북송(北宋) 철종(哲宗) 때의 재상으로 학문과 덕이 높았음. 시호(諡號)는 충선(忠宣)임.

子曰 聰明思睿라도 守之以愚하고
자왈 총명사예   수지이우

功被天下라도 守之以讓하고
공피천하   수지이양

勇力振世라도 守之以怯하고
용력진세   수지이겁

富有四海라도 守之以謙이니라.
부유사해   수지이겸

睿(깊고 밝을 예) 愚(어리석을 우) 讓(사양할 양) 勇(날쌜 용) 振(떨칠 진) 怯(겁낼 겁) 謙(겸손할 겸)

풀이 공자가 말씀하셨다.

총명하여 그 생각이 깊고 밝을지라도 자신의 어리석음으로써 지켜야 하고, 공로가 세상을 뒤덮을지라도 사양함으로써 지켜야 하고, 용맹스런 힘이 온 세상에 떨칠지라도 겁냄으로써 지켜야 하고, 부유함이 온 바다에 펼쳐 있을지라도 겸손한 마음으로써 지켜야 하느니라.

素書에 云 薄施厚望者는
소서   운 박시후망자

不報하고 貴而忘賤者는 不久니라.
불보   귀이망천자   불구

薄(엷을 박) 施(베풀 시) 厚(두터울 후) 報(갚을 보) 賤(천할 천)

풀이 「소서」에서 말하였다.

박하게[조금] 베풀고서 크게 바라는 사람에게는 보답이 없고, 처지가 귀하게 되고서 비천했던 때를 잊은 사람은 오래 가지 못하느니라.

참고 **소서(素書)**: 진(秦)나라 말기 병가(兵家)인 황석공(黃石公)이 장량(張良)에게 전해 준 병서(兵書)임.

施恩이어든 勿求報하고
시 은   물 구 보

與人이어든 勿追悔하라.
여 인   물 추 회

勿(말 물) 報(갚을 보) 與(줄 여) 追(쫓을 추) 悔(뉘우칠 회)

풀이 은혜를 베풀었거든 그에 대한 보답을 바라지 말고, 남에게 주었거든 뒤에 뉘우쳐 후회하지 말라.

孫思邈이 曰 膽欲大而心欲小하고
손 사 막 왈 담욕대이심욕소

知欲圓而行欲方이니라.
지 욕 원 이 행 욕 방

邈(멀 막) 膽(쓸개 담) 欲(하고자 할 욕) 圓(둥글 원) 方(모 방)

풀이 손사막이 말하였다.
담력은 크기를 바라되 마음가짐은 세심하게 하고, 지혜가 원만함을 바라되 행동은 올바르게 해야 하느니라.

참고 손사막(孫思邈) : 당(唐)나라 때 유명한 의원(醫員)임.

念念要如臨戰日하고
염 념 요 여 림 전 일
心心常似過橋時니라.
심 심 상 사 과 교 시

念(생각할 념) 臨(임할 림) 戰(싸울 전) 似(같을 사) 橋(다리 교)

풀이 생각하는 것마다 항상 싸움터에 나갔을 때처럼 조심하고, 마음은 항상 외나무다리를 건너는 것처럼 해야 하느니라.

懼法이면 朝朝樂이요 欺公이면 日日憂니라.
구 법   조 조 락   기 공   일 일 우

懼(두려워할 구) 法(법 법) 樂(즐거울 락) 欺(속일 기) 憂(근심할 우)

풀이 법을 두렵게 여기면 아침마다 즐겁고, 옳은 일을 속이면 날마다 근심하게 되느니라.

존심편(存心篇)

朱文公이 曰 守口如甁하고 防意如城하라.
주문공 왈 수구여병 방의여성

守(지킬 수) 甁(병 병) 防(막을 방) 城(성 성)

풀이 주문공이 말하였다.
입(말)이 지키기를 병 막음 같이 하고, 뜻(욕심) 지키기는 성(城)을 지키듯이 하라.

참고 주문공(朱文公): 남송(南宋)의 대유(大儒) 주자(朱子)를 일컬음. 이름은 희(喜)이고 자는 원회(元晦) 또는 중회(仲晦)이며, 호는 회암(晦菴) 또는 회옹(晦翁)임.

心不負人이면 面無慙色이니라.
심 불 부 인 면 무 참 색

負(등질 부) 無(없을 무) 慙(부끄러울 참) 色(빛 색)

풀이 마음이 남에게 부끄러울 것이 없다면 얼굴도 부끄러운 빛이 없느니라.

人無百歲人이나 枉作千年計니라.
인 무 백 세 인 왕 작 천 년 계

百(일백 백) 歲(해 세) 枉(굽을 왕) 作(지을 작) 年(해 년) 計(꾀 계)

풀이 사람이 백 살을 살지 못하는 데도 부질없이 천 년의 욕심을 부리며 계획을 세우느니라.

寇萊公六悔銘에 云
구래공육회명 운

官行私曲失時悔하고
관행사곡실시회

富不儉用貧時悔니라
부불검용빈시회

藝不少學過時悔하고
예불소학과시회

見事不學用時悔니라
견사불학용시회

醉後狂言醒時悔하고
취후광언성시회

安不將息病時悔니라.
안부장식병시회

寇(도둑 구) 萊(명아주 래) 悔(뉘우칠 회) 銘(새길 명) 曲(굽을 곡) 儉(검소할 검) 藝(기예 예)
醉(취할 취) 狂(미칠 광) 醒(깰 성) 息(숨쉴 식)

풀이 구래공(寇萊公)이「육회명(六悔銘)」에서 말하였다.

벼슬아치가 사사로운 일을 하면 벼슬자리에서 물러날 때 후회하고, 부유했을 때에 아껴 쓰지 아니하면 가난해졌을 때에 후회하느니라. 젊었을 적에 기술을 배우지 않으면 때를 넘기고서 후회하고, 일을 보고 배우지 않으면 필요하게 되었을 때에 후회하느니라. 술 취했을 때에 함부로 말하면 깨어났을 때 후회하고, 몸이 건강했을 때 휴식하지 않으면 병들었을 때 후회하느니라.

참고 **구래공(寇萊公)** : 자는 평중(平仲)이고 이름은 준(準)임. 송(宋)나라 때의 어진 재상임. 요(遼)나라가 침입했을 때 전주에서 맹약(盟約)을 맺어 시국을 수습하여 그 공로로 내국공(萊國公)에 봉해졌다.

益智書에 云 寧無事而家貧이언정
익 지 서 운 영 무 사 이 가 빈

莫有事而家富요 寧無事而住茅屋이언정
막 유 사 이 가 부 영 무 사 이 주 모 옥

不有事而住金屋이요
불 유 사 이 주 금 옥

寧無病而食麤飯이언정
영 무 병 이 식 추 반

不有病而服良藥이니라.
불 유 병 이 복 양 약

寧(편안할 영(녕)) 莫(말 막) 茅(띠 모) 屋(집 옥) 金(황금 금) 麤(거칠 추) 飯(밥 반) 服(복용할 복) 良(좋을 량) 藥(약 약)

풀이 「익지서」에서 말하였다.
아무 걱정(사고) 없이 집이 가난할지언정 걱정 있는 부잣집이 되지 말 것이요, 아무 걱정 없이 초가에 살지언정 걱정 많은 좋은 집에서 살지 말 것이요, 병 없이 거친 밥을 먹을지언정 병이 있으면서 좋은 약을 먹지 말 것이니라.

心安茅屋穩하고 性定菜羹香이니라.
심 안 모 옥 온   성 정 채 갱 향

풀이 마음이 편안하면 초가집도 평온하고, 성품이 안정되면 나물국도 향기로우니라.

景行錄에 云 **責人者**는 **不全交**요
경 행 록 　 운 　책 인 자 　 　 부 전 교

自恕者는 **不改過**니라.
자 서 자 　 　 불 개 과

茅(띠집 모) 穩(평안할 온) 性(성품 성) 菜(나물 채) 羹(국 갱) 香(향기 향) 責(꾸짖을 책)
交(사귈 교) 恕(용서할 서) 改(고칠 개) 過(허물 과)

풀이 「경행록」에서 말하였다.
남을 꾸짖는 사람과는 사귐을 온전하게 할 수 없고, 자신의 잘못을 용서하는 사람은 허물을 고치지 못하느니라.

夙興夜寐하여 **所思忠孝者**는
숙 흥 야 매 　 　 　 소 사 충 효 자

人不知나 **天必知之**요 **飽食煖衣**하여
인 부 지 　 천 필 지 지 　 포 식 난 의

怡然自衛者는 **身雖安**이나
이 연 자 위 자 　 　 신 수 안

其如子孫에 **何**오.
기 여 자 손 　 　 하

夙(일찍 숙) 興(일 흥) 寐(잠잘 매) 忠(충성 충) 孝(효도 효) 飽(배부를 포) 煖(따뜻할 난)
怡(기쁠 이) 衛(지킬 위) 雖(비록 수)

존심편(存心篇) |61

풀이 아침 일찍 잠자리에서 일어나면서부터 밤이 깊어 잠들 때까지 부모에게 효도하고 임금에게 충성하는 사람은, 다른 사람들이 알아주지 않더라도 하늘이 반드시 알 것이요, 배불리 먹고 따뜻하게 입고서 편안하게 제 몸만 위하는 사람은 몸은 비록 편안할지 모르나 그 자손들은 어찌될 것인가?

以愛妻子之心으로 事親이면
이 애 처 자 지 심   사 친

則曲盡其孝이요 以保富貴之心으로
즉 곡 진 기 효   이 보 부 귀 지 심

奉君이면 則無往不忠이요
봉 군   즉 무 왕 불 충

以責人之心으로 責己이면 則寡過요
이 책 인 지 심   책 기   즉 과 과

以恕己之心으로 恕人이면 則全交니라.
이 서 기 지 심   서 인   즉 전 교

以(써 이) 愛(사랑 애) 妻(아내 처) 事(섬길 사) 則(곧 즉) 盡(다할 진) 保(지킬 보) 往(갈 왕) 寡(적을 과) 恕(용서할 서)

풀이 아내와 자식을 사랑하는 마음으로 부모님을 섬긴다면 그 효도가 극진할 것이요, 부귀를 누리려는 마음으로 임금을 받든다면 충성이 아닌 것이 없을 것이요, 남을 꾸짖는 마음으로 자기 자신을 책망한다면 허물이 적을 것이요, 자기를 용서하는 마음으로 남을 용서한다면 사귐을 온전히 할 수 있을 것이니라.

爾謀不臧이면 悔之何及이며
이 모 부 장　　회 지 하 급

爾見不長이면 教之何益이리오.
이 견 부 장　　교 지 하 익

利心專則背道요 私意確則滅公이니라.
이 심 전 즉 배 도　　사 의 확 즉 멸 공

풀이 너의 꾀함이 옳지 못했다면 후회한들 무슨 소용이 있으며, 너의 뜻이 바르지 못하다면 가르친들 무슨 유익이 있으리오. 자기 이익만을 오로지 위한다면 도(道)에 위배되고, 사사로운 마음이 굳어 있으면 공로가 사라지게 되느니라.

生事事生이요 省事事省이니라.
생 사 사 생　　생 사 사 생

爾(너 이) 謀(꾀할 모) 臧(착할 장) 悔(뉘우칠 회) 益(더할 익) 利(이로울 리) 專(오로지 전)
背(등 배) 意(뜻 의) 確(굳을 확) 滅(멸할 멸) 生(날 생) 事(일 사) 省(덜(줄이다) 생 (살필 성))

풀이 일을 만들면 일이 생기고, 일을 덜면 일이 줄어지느니라.

계성편(戒性篇)
참고 견디는 자기 수양을 쌓아라

景行錄에 云 人性이 如水하여
경행록 운 인성 여수

水一傾則不可復이요
수일경즉불가복

性一縱則不可反이니 制水者는
성일종즉불가반 제수자

必以堤防하고 制性者는 必以禮法이니라.
필이제방 제성자 필이예법

傾(기울 경) 縱(늘어질 종) 制(제어할 제) 堤(방죽 제) 禮(예도 례)

풀이 「경행록」에서 말하였다.

사람의 성품은 물과 같아서 물이 한 번 기울어지면 다시 되돌릴 수 없고, 성품이 한 번 방종해지면 바로잡을 수 없으니, 물을 다스리기 위해서는 반드시 둑(제방)으로써 하고, 성품을 올바르게 하기 위해서는 반드시 예법으로써 할지니라.

忍一時之忿이면 免百日之憂니라.
인 일 시 지 분   면 백 일 지 우

忍(참을 인) 忿(성낼 분) 免(면할 면) 憂(근심할 우)

🔵 풀이 한때의 분함을 참으면 백일의 근심을 면할 수 있느니라.

得忍且忍이요 得戒且戒하라
득 인 차 인   득 계 차 계
不忍不戒면 小事成大니라.
불 인 불 계   소 사 성 대

且(또 차) 戒(경계할 계) 事(일 사) 成(이룰 성)

🔵 풀이 참을 수 있다면 거듭 참을 것이요, 경계할 수 있다면 거듭 경계하라. 만일 매사를 참지 않고 경계하지 않으면 작은 일도 커지게 되느니라.

愚濁生嗔怒는 皆因理不通이라
우 탁 생 진 노   개 인 리 불 통
休添心上火하고 只作耳邊風하라
휴 첨 심 상 화   지 작 이 변 풍
長短은 家家有요 炎凉은 處處同이라
장 단   가 가 유   염 량   처 처 동

계성편(戒性篇)

是非無實相하여 究竟摠成空이니라.
시 비 무 실 상　　　　구 경 총 성 공

愚(어리석을 우) 濁(흐릴 탁) 嗔(성낼 진) 添(더할 첨) 邊(가 변) 短(짧을 단) 炎(불탈 염)
凉(서늘할 량) 處(살 처) 非(아닐 비) 實(열매 실) 究(궁구할 구) 竟(다할 경) 摠(모두 총)

> **풀이** 어리석고 변변치 못한 사람이 성을 내는 것은 모두가 다 이치에 통하지 못한 까닭이다. 마음에 화를 더해서는 아니 되며, 다만 귓전을 스치는 바람결로 여겨라. 좋은 점과 나쁜 점은 집집마다 있는 일이고, 따뜻하고 서늘한 것은 어디에나 같으니라. 옳고 그름이란 본래 실상[모양]이 없어서 마침내는 모두 다 부질없는 것(헛것)이 되느니라.

子張이 欲行에 辭於夫子할새
자 장　욕 행　사 어 부 자

願賜一言爲修身之美하노이다.
원 사 일 언 위 수 신 지 미

子曰 百行之本이 忍之爲上이니라
자 왈 백 행 지 본　인 지 위 상

子張이 曰, 何爲忍之잇고
자 장　왈　하 위 인 지

子曰 天子忍之면 國無害하고
자 왈 천 자 인 지　국 무 해

諸侯忍之면 成其大하고
제후인지 성기대

官吏忍之면 進其位하고
관리인지 진기위

兄弟忍之면 家富貴하고
형제인지 가부귀

夫妻忍之면 終其世하고
부처인지 종기세

朋友忍之면 名不廢하고
붕우인지 명불폐

自身忍之면 無禍害니라.
자신인지 무화해

辭(말 사) 願(원할 원) 賜(줄 사) 修(닦을 수) 美(아름다울 미) 本(밑 본) 忍(참을 인) 爲(할 위) 何(어찌 하) 諸(모든 제) 侯(임금 후) 吏(벼슬아치 리) 夫(지아비 부) 妻(아내 처) 終(끝날 종) 朋(벗 붕) 廢(폐할 폐) 禍(재화 화)

풀이 자장(子張)이 길을 떠나고자 공자(孔子)께 작별인사를 올릴때, "원컨대 한 말씀을 주시면 몸을 닦는 아름다움을 삼으려 합니다." 하니, 공자가 말씀하셨다. "백 가지 모든 행동의 근본은 참는 것이 으뜸이니라." 자장이 다시 물었다. "어떻게 참아야 합니까?" 공자가 다시 말씀하셨다. "천자(황제)가 참으면 온 나라에 해로움이 없을 것이고, 제후(諸侯)가 참으면 큰 나라를 이룰 것이고, 벼슬아치가 참으면 그 지위가 올라갈 것이고, 형제간에 참으면 그 집안이 부귀(富貴)하게 되고, 부부(夫婦)가 서로 참으면 일생을 함께 늙게 될 것이고, 친구끼리 서로 참으면 상대방의 명예를 떨어뜨리지 않고, 자신이 혼자서 참으면 재앙이 없느니라."

> **참고** 자장(子張): 공자의 제자. 성은 전손(顓孫), 이름은 사(師), 자장은 자이다. 부자(夫子: 선생 혹은 장자(長者)).

子張이 曰 不忍則如何잇고
자 장   왈 불 인 즉 여 하

子曰 天子不忍이면 國空虛하고
자 왈 천 자 불 인   국 공 허

諸侯不忍이면 喪其軀하고
제 후 불 인   상 기 구

官吏不忍이면 刑法誅하고
관 리 불 인   형 법 주

兄弟不忍이면 各分居하고
형 제 불 인   각 분 거

夫妻不忍이면 令子孤하고
부 처 불 인   영 자 고

朋友不忍이면 情意疎하고
붕 우 불 인   정 의 소

自身不忍이면 患不除니라.
자 신 불 인   환 부 제

子張이 曰 善哉善哉라 難忍難忍이여
자 장   왈 선 재 선 재   난 인 난 인

非人不忍이요 不忍非人이로다.
비인불인　　불인비인

虛(빌 허) 喪(죽을 상) 軀(몸 구) 刑(형벌 형) 誅(벨 주) 居(있을 거) 令(시킬 령) 孤(외로울 고)
疎(트일 소) 患(근심 환) 除(제거할 제) 哉(어조사 재) 難(어려울 난) 非(아닐 비)

풀이 자장(子張)이 다시 물었다.
"만일 참지 않으면 어떻게 됩니까?"
공자가 말씀하셨다.
"천자가 참지 않으면 온 나라 안이 빈 터가 되어버릴 것이고, 제후(諸侯)가 참지 않으면 그 몸을 잃게 되고, 벼슬아치가 참지 않으면 법에 걸려 죽음을 당하게 될 것이고, 형제끼리 참지 않으면 각각 헤어져 살 게 될 것이고, 부부가 서로 참지 않으면 자식을 외롭게 할 것이고, 친구끼리 서로 참지 않으면 정과 뜻이 서로 벌어지게 될 것이고, 자기 자신이 참지 않으면 근심이 없어지지 않을 것이니라."
자장이 감탄해 말하였다.
"참 훌륭한 말씀입니다. 참는 것이란 참으로 어렵고 또 어려운 일이며. 사람이 아니면 참지 못할 것이요, 또한 참지 못한다면 사람이 아니로다."

景行錄에 云 屈己者는 能處重하고
경행록　　운　굴기자　　능처중

好勝者는 必遇敵이니라.
호승자　　필우적

屈(굽을 굴) 己(자기 기) 能(능할 능) 處(살 처) 好(좋을 호) 勝(이길 승) 必(반드시 필)
遇(만날 우) 敵(원수 적)

풀이 「경행록」에서 말하였다.

자기 자신을 굽힐 줄 아는 자는 능히 중요한 지위를(일을) 해낼 수 있고, 남을 이기기를 좋아하는 사람은 반드시 적을 만나게 되느니라.

惡人이 罵善人커든 善人은 摠不對하라
악 인   매 선 인   선 인   총 부 대

不對는 心淸閑이요 罵者는 口熱沸니라
부 대   심 청 한   매 자   구 열 비

正如人唾天하여 還從己身墜니라.
정 여 인 타 천   환 종 기 신 추

罵(욕할 매) 摠(모두 총) 沸(끓을 비) 唾(침 타) 墜(떨어질 추)

풀이 악(惡)한 사람이 선(善)한 사람을 꾸짖거든 선한 사람은 아예 상대하지 말라. 상대하지 않는 사람은 마음이 맑고 한가로울 것이요, 꾸짖는 자의 입은 뜨겁게 끓어오르리라. 이는 마치 사람이 하늘에 대고 침을 뱉는 것과 같아서 그 침이 도로 자기에게 떨어지는 것과 같으니라.

我若被人罵라도 佯聾不分說하라
아약피인매   양롱불분설

譬如火燒空하여 不救自然滅이라
비여화소공   불구자연멸

我心은 等虛空이어늘 摠爾飜脣舌이니라.
아심   등허공   총이번순설

被(입을(당할) 피) 佯(거짓 양) 聾(귀머거리 롱) 譬(비유할 비) 燒(사를 소) 滅(멸망할 멸)
飜(뒤칠 번) 脣(입술 순)

풀이 내가 만일 남에게 욕을 먹더라도 귀먹은 척하고 옳고 그름을 따져 말하지 말라. 예를 들면 그것은 마치 불이 허공에서 타다가 끄지 않아도 저절로 꺼지는 것과 같으니라. 내 마음이 허공과 같거늘 모두 너의 입술과 혀만이 나불댈 뿐이니라.

凡事에 留人情이면 後來에 好相見이니라.
범사   유인정   후래   호상견

凡(무릇 범) 事(일 사) 留(머무를 류) 情(뜻 정) 後(뒤 후) 來(올 래) 好(좋을 호) 相(서로 상) 見(볼 견)

풀이 모든 일에 인정을 남겨두면, 훗날 만났을 때에 좋은 얼굴로 서로 보게 되느니라.

근학편(勤學篇)
부지런히 배워익혀서 새롭게 발전시켜라

子曰 博學而篤志하고
자왈 박학이독지
切問而近思하면 仁在其中矣니라.
절문이근사   인재기중의

博(넓을 박) 篤(도타울 독) 志(뜻 지) 切(끊을 절(모두 체)) 矣(어조사 의)

풀이 자하가 말하였다.
널리 배워서 뜻을 두텁게 하고, 진실하게 물어 잘 생각한다면 어짐[仁]이 그 가운데 있느니라.

참고 **자하왈(子夏曰)** : 통행본에는 자왈(子曰)로 되어 있으나 「논어(論語)」에 의거하였음.

莊子曰 人之不學은 如登天而無術하고
장자왈 인지불학   여등천이무술
學而智遠이면 如披祥雲而觀青天하고
학이지원   여피상운이도청천

登高山而望四海니라.
등 고 산 이 망 사 해

如(같을 여) 登(오를 등) 術(꾀 술) 智(슬기 지) 遠(멀 원) 披(나눌 피) 祥(상서로울 상)
雲(구름 운) 覩(볼 도) 海(바다 해)

풀이 장자가 말하였다. 사람이 배우지 아니하면 재주도 없이 하늘에 오르려 하는 것과 같고, 배워서 지혜가 깊으면 상서로운 구름을 헤쳐서 푸른 하늘을 보는 것과 같고, 높은 산에 올라 온 사방의 바다를 바라보는 것과 같으니라.

禮記에 曰 玉不琢이면 不成器하고
예 기 왈 옥 불 탁 불 성 기

人不學이면 不知義니라.
인 불 학 부 지 의

禮(예도 예) 琢(쪼일 탁) 器(그릇 기) 義(옳을 의)

풀이 「예기」에서 말하였다.
옥은 다듬지 않으면 그릇을 만들 수 없고, 사람은 배우지 않으면 의(義)를 알지 못하니라.

참고 「예기(禮記)」: 오경(五經)의 하나로 예(禮)의 원리와 예절(禮節)에 관하여 기록한 책.

太公이 曰 人生不學이면
태 공 왈 인 생 불 학

如冥冥夜行이니라.
여 명 명 야 행

如(같을 여) 冥(어두울 명) 夜(밤 야) 行(갈 행)

풀이 태공이 말하였다.

사람이 태어나서 배우지 않으면 마치 어두운 밤길을 가는 것과 같으니라.

韓文公이 曰 人不通古今이면
한 문 공 왈 인 불 통 고 금

馬牛而襟裾니라.
마 우 이 금 거

古(예(과거) 고) 今(이제 금) 襟(옷깃 금) 裾(옷자락 거)

풀이 한문공 유(愈)가 말하였다.

사람이 과거와 현재의 일을 알지 못하면 말과 소에다 옷을 입혀 놓은 것과 같으니라.

참고 한문공(韓文公) : 당대(唐代)의 문장가 한유(韓愈)를 일컬음. 자는 퇴지(退之)이다.

朱文公이 曰 家若貧이라도
주 문 공 왈 가 약 빈

不可因貧而廢學이요
불 가 인 빈 이 폐 학

家若富라도 不可恃富而怠學이니
가 약 부 불 가 시 부 이 태 학

貧若勤學이면 可以立身이요
빈 약 근 학　　　가 이 입 신

富若勤學이면 名乃光榮이니라.
부 약 근 학　　　명 내 광 영

惟見學者顯達이요 不見學者無成이니라.
유 견 학 자 현 달　　　불 견 학 자 무 성

學者는 乃身之寶요 學者는 乃世之珍이니라.
학 자　　내 신 지 보　　학 자　　내 세 지 진

是故로 學則乃爲君子요
시 고　　학 즉 내 위 군 자

不學則爲小人이니
불 학 즉 위 소 인

後之學者는 宜各勉之니라.
후 지 학 자　　의 각 면 지

若(만약 약) 貧(가난할 빈) 因(인할 인) 廢(폐할 폐) 恃(믿을 시) 怠(게으를 태) 勤(부지런할 근)
乃(이에 내) 榮(영화 영) 惟(오직 유) 顯(나타날 현) 達(통달할 달) 則(곧 즉) 宜(마땅할 의)
各(각각 각) 勉(힘쓸 면)

풀이 주문공이 말하였다. 만약 집이 가난하더라도 그 가난으로 인하여 배우는 것을 그쳐서는 안 되고, 만약 집이 부유하더라도 그것을 믿고 배움을 게을리 해서도 안 된다.

만약 가난한 자가 부지런히 배운다면 몸을 세울 수 있을 것이요, 만약 부유한 자가 부지런히 배운다면 이름이 더욱 빛날 것이니라. 오직 배워서 지식을 넓히는 사람만이 훌륭하게 되는 것을 보았으며, 배운 사람으로서 뜻을 이루지 못한 예는 없느니라. 배움이란 곧 몸의 보배요, 배운 사람은 곧 세상의 보배이니라. 그러므로 배움 그 자체는 곧 군자가 되고, 배우지 않으면 소인이 되니, 후세에 배우는 자들은 마땅히 각자 힘써야 하느니라.

徽宗皇帝曰 學者는 如禾如稻하고
휘 종 황 제 왈 학 자 여 화 여 도

不學者는 如蒿如草로되 如禾如稻兮여
불 학 자 여 호 여 초 여 화 여 도 혜

國之精糧이요 世之大寶로다
국 지 정 량 세 지 대 보

如蒿如草兮여 耕者憎嫌하고
여 호 여 초 혜 경 자 증 혐

鋤者煩惱니라 他日面墻에 悔之已老로다.
서 자 번 뇌 타 일 면 장 회 지 이 로

禾(벼 화) 稻(벼(곡식) 도) 蒿(쑥 호) 糧(양식 량) 耕(밭갈 경) 憎(미워할 증) 嫌(싫어할 혐) 鋤(호미 서) 煩(번잡할 번) 墻(담 장)

풀이 휘종 황제가 말하였다.

배운 사람은 쌀알이나 벼와 같으며, 배우지 않은 사람은 쑥이나 풀과 같도다. 쌀알과 벼와 같음은 나라의 좋은 양식이요 세상의 큰 보배로다. 쑥이나 풀과 같음은 밭을 가는 사람 싫어하고 김매는 사람 귀찮아하느니라. 훗날 담장에 낯(얼굴)을 대한 듯이 답답해하며, 뉘우친들 그때에는 이미 늙음이로다(늦었다).

참고 **휘종황제(徽宗皇帝)**: 북송(北宋)의 8대 임금으로 신법당(新法黨)을 등용하였으며 글씨와 그림에 조예가 깊었음. 고금(古今)의 서화를 모아 「선화서화보(宣化書畫譜)」를 만들었음.

論語曰 學如不及이요 惟恐失之니라.
논 어 왈 학 여 불 급   유 공 실 지

及(미칠 급) 惟(생각할(오직) 유) 恐(두려울 공) 失(잃을 실)

풀이 「논어」에서 말하였다.

배울 것은 한이 없으므로 다하지 못할 듯이 여기고, 오직 배운 것을 잃을까 두려워할지니라.

참고 「논어(論語)」: 공자(孔子)의 말과 행동을 적은 유교의 경전. 사서(四書)의 하나. 공자의 도덕인 '인(仁)'의 뜻과 정치·교육에 대한 의견 등이 7권 20편으로 쓰여 있다. 惟(오직 유) 대신 猶(오히려 유)로 쓴 책도 있음.

훈자편(訓子篇)
가르침을 잘 배워 훌륭한 사람이 되라

景行錄에 **云** **賓客不來**면 **門户俗**하고
경 행 록   운 빈 객 불 래   문 호 속

詩書無敎면 **子孫愚**니라.
시 서 무 교   자 손 우

賓(손 빈) 客(손 객) 俗(풍속 속) 詩(시 시) 書(쓸 서) 敎(가르칠 교) 孫(손자 손) 愚(어리석을 우)

풀이 「경행록」에서 말하였다.
손님이 찾아오지 않으면 집안이 천해지고, 시경과 서경을 가르치지 않으면 자손이 어리석어지느니라.

참고 훈자(訓子) : 어려서부터 자녀들에게 학식과 기능, 그리고 심성과 인격을 교육시킴. 자녀교육.

莊子曰 事雖小나 **不作**이면 **不成**이요
장 자 왈 사 수 소   부 작   불 성

子雖賢이나 **不敎**면 **不明**이니라.
자 수 현   불 교   불 명

雖(비록 수) 作(지을 작) 賢(어질 현) 明(밝을 명)

풀이 장자가 말하였다.

일은 비록 그것이 작은 것이라도 하지 않으면 이루어지지 않고, 자식이 비록 어질더라도 가르치지 않으면 현명하게 되지 않느니라.

漢書에 云 黃金滿籯이
한 서 운 황 금 만 영

不如敎子一經이요
불 여 교 자 일 경

賜子千金이 不如敎子一藝니라.
사 자 천 금 불 여 교 자 일 예

籯(광주리 영) 賜(줄 사) 藝(기예 예)

풀이 「한서」에서 말하였다.

황금이 궤짝에 가득하게 있어도 자식에게 「경서(經書)」한 권을 가르치는 것만 같지 못하고, 자식에게 천금을 물려주는 것이 자식에게 기술 한 가지를 가르쳐주는 것만 못하니라.

참고 **한서(漢書)**: 전한(前漢)의 고조(高祖)에서 왕망(王莽)까지 229년 동안의 역사를 기록한 책. 반표(班彪)가 시작한 것을 반고(班固)가 이루었으며, 그의 누이동생인 반소(班昭)가 완성했다. 모두 120권으로 되어 있다. **경서(經書)**: 유교의 경전. (사서·오경 등).

至樂은 莫如讀書요 至要는 莫如敎子니라.
지 락 막 여 독 서 지 요 막 여 교 자

樂(즐거울 락) 莫(아닐 막) 如(같을 여) 讀(읽을 독) 書(글 서) 要(긴요할 요)

풀이 매우 즐거운 것은 책을 읽는 것만 못하고, 매우 중요한 것은 자식을 가르치는 것 만한 것이 없느니라.

呂滎公이 曰 內無賢父兄하고
여형공 왈 내무현부형
外無嚴師友요 而能有成者 鮮矣니라.
외무엄사우 이능유성자 선의

嚴(엄할 엄) 師(스승 사) 能(능할 능) 鮮(드물 선)

풀이 여형공이 말하였다.
집안에 현명한 부모와 형이 없고, 밖으로는 엄한 스승이나 친구가 없이도 능히 뜻을 이룰 수 있는 자는 드무니라.

참고 **여형공(呂滎公)**: 북송(北宋) 때의 학자로 이름은 희철(希哲)이며, 자는 원명(原明)이다. 형국공(滎國公)에 봉해졌으므로 형공이라 불렀음.

太公이 曰 男子失敎면 長必頑愚하고
태공 왈 남자실교 장필완우
女子失敎면 長必麤疎니라.
여자실교 장필추소

頑(완고할 완) 愚(어리석을 우) 麤(거칠 추) 疎(성길 소)

풀이 태공이 말하였다.
남자가 배울 때를 놓치면 자라서 미련하고 어리석어지며, 여자가 가르침을 받지 못하면 자라서 거칠고 성기게 되느니라.

男年長大어든 莫習樂酒하고
남년장대 막습악주
女年長大어든 莫令遊走하라.
여년장대 막령유주

莫(없을 막) 習(익힐 습) 令(시킬 령) 遊(놀 유) 走(달릴 주)

> 풀이) 남자가 장성해지거든 풍류나 술을 배우지 말도록 하고, 여자가 장성해지거든 나돌아 다니며 놀지 말게 하라.

嚴父는 出孝子하고 嚴母는 出孝女니라.
엄부 출효자 엄모 출효녀
憐兒어든 多與棒하고 憎兒어든 多與食하라.
연아 다여봉 증아 다여식
人皆愛珠玉이나 我愛子孫賢이니라.
인개애주옥 아애자손현

嚴(엄할 엄) 憐(사랑할 련) 棒(몽둥이 봉) 憎(미워할 증) 珠(구슬 주)

> 풀이) 엄한 아버지는 효자를 길러내고, 엄한 어머니는 효녀를 길러내느니라. 귀여운 아이는 매를 많이 주고, 미운 아이이거든 밥을 많이 주라. 사람들은 모두 주옥을 사랑하나, 나는 자손의 어진 것을 사랑하느니라.

성심편 상(省心篇 上)
내면의 정신 가치를 높여라

景行錄에 云 寶貨는 用之有盡이요
경행록   운 보화   용지유진

忠孝는 享之無窮이니라.
충효   향지무궁

省(살필 성) 寶(보배 보) 貨(재화 화) 盡(다할 진) 享(누릴 향)

풀이 「경행록」에서 말하였다.
보배와 재물은 쓰면 다할 때가 있고, 충성과 효도는 누릴수록 다함이 없느니라.

참고 성심(省心): 마음을 살펴 반성하다.

家和면 貧也好어니와 不義(誼)면 富如何오
가화   빈야호   불의   부여하

但存一子孝니 何用子孫多리오.
단존일자효   하용자손다

家(집 가) 和(화할 화) 義(옳을 의) 富(가멸 부)

풀이 가정이 화목하면 가난해도 즐겁거니와 의롭지 않으면 부자인들 무엇하겠는가? 단 한 자식이라도 효도하는 자를 둘 것이니, 자손이 많음을 어디다 쓰겠는가.

父不憂心因子孝요
부 불 우 심 인 자 효

夫無煩惱是妻賢이라
부 무 번 뇌 시 처 현

言多語失皆因酒요
언 다 어 실 개 인 주

義斷親疎只爲錢이니라.
의 단 친 소 지 위 전

憂(근심할 우) 煩(번거로울 번) 惱(괴로워할 뇌) 斷(끊을 단) 錢(돈 전)

풀이 아버지의 근심 없는 마음은 자식이 효도하기 때문이요, 남편이 번거로운 걱정이 없음은 아내가 어질기 때문이라. 말이 많고 말을 실수함은 모두가 술 때문이요, 의리가 끊어지고 친한 사이가 멀어지는 것은 모두가 돈 때문이니라.

旣取非常樂이어든 須防不測憂니라.
기 취 비 상 락   수 방 불 측 우

旣(이미 기) 須(모름지기 수) 防(막을 방) 測(잴 측)

> **풀이** 이미 정상이 아닌 즐거움을 가졌거든, 모름지기 예측할 수 없는 근심이 있을 것에 대비할지니라.

得寵思辱하고 居安慮危니라.
득 총 사 욕   거 안 여 위

得(얻을 득) 寵(총애 총) 辱(욕되게 할 욕) 慮(생각할 려) 危(위태할 위)

> **풀이** 귀엽게 여겨 사랑을 받거든 욕이 뒤따를 것을 생각하고, 평안히 살 때에 위태로움이 있을 것을 염려할지니라.

榮輕辱淺하고 利重害深이니라.
영 경 욕 천   이 중 해 심

榮(영화 영) 輕(가벼울 경) 辱(욕되게 할 욕) 淺(얕을 천)

> **풀이** 귀하게 되어 세상에 이름남이 가벼우면 욕됨도 얕고, 이로움이 무거우면 해로움도 깊으니라.

甚愛必甚費요 甚譽必甚毁요
심 애 필 심 비   심 예 필 심 훼

甚喜必甚憂요 甚贓必甚亡이니라.
심 희 필 심 우   심 장 필 심 망

甚(심할 심) 費(비용 비) 譽(기릴 예) 毁(훼손할 훼) 憂(근심 우) 贓(장물 장)

> **풀이** 사랑함이 지나치면 반드시 지출이 심하고, 명예가 지나치면 반드

시 심한 훼방이 따르며, 기뻐함이 지나치면 반드시 심한 근심을 가져오고, 뇌물을 지나치게 탐하면 반드시 크게 망하느니라.

子曰 不觀高崖면 何以知顚墜之患이며
자왈 불관고애 하이지전추지환

不臨深淵(泉)이면 何以知沒溺之患이며
불림심연천 하이지몰익지환

不觀巨海면 何以知風波之患이리오.
불관거해 하이지풍파지환

崖(벼랑 애) 顚(넘어질 전) 墜(떨어질 추) 淵(못 연) 溺(빠질 닉)

풀이 공자가 말씀하셨다.

높은 낭떠러지를 보지 않고서야 어찌 굴러 떨어지는 근심과 화를 알 것이며, 깊은 못(샘)에 가보지 않고서야 어찌 빠져 죽는 근심과 화를 알 것이며, 큰 바다를 보지 않고서야 어찌 풍파의 근심과 화를 알리오.

欲知未來거든 先察已然이니라.
욕지미래 선찰이연

欲(하고자할 욕) 未(아닐 미) 來(올 래) 察(살필 찰)

풀이 앞날의 일을 알려거든 먼저 지나간 일들을 살펴볼지니라.

子曰 明鏡은 所以察形이요
자왈 명경 소이찰형

성심편 상(省心篇 上) | 85

往古는 所以知今이니라.
왕 고 　소 이 지 금

鏡(거울 경) 察(살필 찰) 形(모양 형) 往(갈 왕) 古(옛 고)

풀이 공자가 말씀하셨다.
밝은 거울은 얼굴(형상)을 살필 수 있는 것이요, 지나간 일은 현재를 아는 것이니라.

過去事는 明如鏡이요
과 거 사 　명 여 경
未來事는 暗似漆이니라.
미 래 사 　암 사 칠

如(같을 여) 未(아닐 미) 暗(어두울 암) 似(같을 사) 漆(옻 칠)

풀이 지나간 일은 밝은 거울과 같으나 앞날의 일은 어둡기가 칠흑과 같으니라.

景行錄에 云 明朝之事를
경 행 록 　운 명 조 지 사
薄暮에 不可必이요 薄暮之事를
박 모 　불 가 필 　　박 모 지 사
晡時에 不可必이니라.
포 시 　불 가 필

朝(아침 조) 薄(엷을 박) 暮(저물 모) 晡(신시 포)

풀이 「경행록」에서 말하였다.

내일 아침의 일을 오늘 저녁에는 결코 알지 못하고, 저녁에 일어날 일을 낮에는 결코 알 수가 없느니라.

天有不測風雨하고 人有朝夕禍福이니라.
천 유 불 측 풍 우   인 유 조 석 화 복

測(잴 측) 朝(아침 조) 夕(저녁 석) 禍(재앙 화) 福(복 복)

풀이 하늘에는 예측할 수 없는 비바람이 있고, 사람에게는 아침과 저녁으로 화(禍)와 복(福)이 있느니라.

未歸三尺土하여는 難保百年身이오
미 귀 삼 척 토   난 보 백 년 신

已歸三尺土하여는 難保百年墳이니라.
이 귀 삼 척 토   난 보 백 년 분

歸(돌아갈 귀) 尺(자 척) 難(어려울 난) 保(지킬 보) 墳(무덤 분)

풀이 흙 속[무덤 속]으로 석 자를 파 들어가 보지 않고서는 백 년의 몸을 보전하기 어렵고, 이미 석 자 흙 속으로 돌아가서는 백 년 동안 무덤을 보전하기 어려우니라.

景行錄에 云 木有所養이면
경 행 록   운 목 유 소 양

則根本固하고 而枝葉茂하여
즉 근 본 고   이 지 엽 무

棟樑之材成하나니라. 水有所養이면
동 량 지 재 성   수 유 소 양

則泉源壯하고 而流派長하여
즉 천 원 장   이 류 파 장

灌漑之利博하나니라. 人有所養이면
관 개 지 리 박   인 유 소 양

則志氣大하고 而識見明하여
즉 지 기 대   이 식 견 명

忠義之士出이니 可不養哉아.
충 의 지 사 출   가 불 양 재

養(기를 양) 根(뿌리 근) 固(굳을 고) 枝(가지 지) 葉(잎 엽) 茂(우거질 무) 棟(용마루 동)
樑(들보 량) 泉(샘 천) 源(근원 원) 壯(씩씩할 장) 派(물갈래 파) 灌(물댈 관) 漑(물댈 개)
博(넓을 박) 志(뜻 지) 識(알 식) 忠(충성 충) 義(옳을 의)

풀이 「경행록」에서 말하였다.

나무는 뿌리가 튼튼하고, 가지와 잎을 무성하게 길러야 기둥이나 대들보가 될 재목으로 성장하느니라. 물은 그 물의 근원을 넓게 해야 물의 흐름이 길어서 관개(灌漑)의 이익이 널리 베풀어질 수 있느니라. 사람을 잘 키우면 뜻과 기상이 크고, 식견(識見)이 넓어져서 충성스럽고 의로운 선비로 출세할 것이니, 어찌 이와 같이 잘 기르지 아니할 것인가?

自信者는 人亦信之하여
자 신 자   인 역 신 지

吳越이 皆兄弟요 自疑者는
오월   개형제   자의자
人亦疑之하여 身外에는 皆敵國이니라.
인역의지   신외   개적국

信(믿을 신) 疑(의심할 의) 敵(원수 적)

풀이 스스로를 믿는 자는 남도 또한 믿어서 오월(吳越) 사이일지라도 모두 형제가 될 수 있고, 스스로를 의심하는 자는 남도 또한 의심하여 자기 이외에는 모두 적국(敵國)과 같이 되느니라.

참고 **오월(吳越)**: 오(吳)나라와 월(越)나라를 일컬음. 오왕 부차(吳王夫差)와 월왕 구천(越王句踐)이 서로 원수가 되었음. 훗날 사람들이 원수 사이를 흔히 오월(吳越)이라 한다.

疑人莫用하고 用人勿疑니라.
의인막용   용인물의

莫(말(말다) 막) 用(쓸 용) 勿(말(말다) 물)

풀이 사람을 의심하거든 쓰지 말고, 사람을 이미 썼으면 의심하지 말지니라.

참고 **의인(疑人)**: 의심스러운 사람. 용인(用人): 사람을 씀. 물의(勿疑): 의심하지 말라.

諷諫에 云 水底魚天邊雁은
풍간   운 수저어천변안
高可射兮低可釣어니와
고 가 사 혜 저 가 조

성심편 상(省心篇 上) | 89

惟有人心咫尺間이라도
유 유 인 심 지 척 간

咫尺人心不可料니라.
지 척 인 심 불 가 료

底(밑 저) 邊(가 변) 雁(기러기 안) 射(쏠 사) 低(낮을 저) 釣(낚시 조) 惟(오직 유) 咫(여덟치 지) 料(헤아릴 료)

풀이 「풍간」에서 말하였다.

물 속 깊이 있는 물고기와 하늘 높이 떠 있는 기러기는 높은 곳에 있는 것은 활로 쏘아 잡고, 낮은 곳에 있는 것은 낚을 수 있으나, 오직 사람의 마음은 바로 곁에 있을지라도 그 곁에 있는 사람의 마음만은 헤아리지 못하느니라.

畵虎畵皮難畵骨이요
화 호 화 피 난 화 골

知人知面不知心이니라.
지 인 지 면 부 지 심

畵(그림 화) 虎(범 호) 皮(가죽 피) 骨(뼈 골)

풀이 호랑이를 그리되 그 가죽은 그릴 수 있으나 속에 있는 그 뼈는 그리기 어렵고, 그 사람의 얼굴은 알 수 있지만 그 마음은 알지 못하느니라.

對面共話하되 心隔千山이니라.
대 면 공 화   심 격 천 산

對(대할 대) 共(함께 공) 話(말할 화) 隔(사이(뜰 격)

🟦**풀이** 얼굴을 맞대고 서로 이야기는 하되 마음은 여러 산이 막혀 있는 것처럼 멀리 떨어져 있느니라.

🟦**참고** **격천산(隔千山)**: 천산(千山)이라 함은 수없이 많은 산을 뜻한다.

海枯면 終見底나 人死엔 不知心이니라.
해 고   종 견 저   인 사   부 지 심

海(바다 해) 枯(마를 고) 終(끝날 종) 底(밑 저) 死(죽을 사)

🟦**풀이** 바다가 마르면 마침내는 그 밑바닥을 볼 수 있지만 사람은 죽은 후에도 그 마음을 알지 못하느니라.

太公이 曰 凡人은 不可逆相이요
태 공   왈 범 인   불 가 역 상
海水는 不可斗量이니라.
해 수   불 가 두 량

凡(무릇 범) 逆(거스를 역) 相(서로(점칠) 상) 斗(말 두) 量(헤아릴 량)

🟦**풀이** 태공이 말하였다.
보통 사람은 미리 앞날을 점칠 수가 없고, 바닷물은 말[斗]로써 그 양을 헤아릴 수 없느니라.

🟦**참고** **역상(逆相)**: 앞으로 닥쳐올 운명을 헤아리는 것. **두량(斗量)**: 말[斗]로 양을 헤아리다.

景行錄에 云 結怨於人을 謂之種禍요
경 행 록   운 결 원 어 인   위 지 종 화

성심편 상(省心篇 上)

捨善不爲를 謂之自賊이니라.
사 선 불 위   위 지 자 적

結(맺을 결) 怨(원망할 원) 謂(이를 위) 捨(버릴 사) 賊(도둑(해칠) 적)

풀이 「경행록」에서 말하였다.
남과 원수가 되는 것은 재앙의 씨앗을 뿌리는 일이요, 선을 외면하고 행하지 않는 것은 스스로 제 몸을 해치는 것과 같으니라.

若聽一面說이면 便見相離別이니라.
약 청 일 면 설   변 견 상 이 별

聽(들을 청) 說(말씀 설) 便(즉(곧) 변(편할 편)) 離(떠날 리)

풀이 만일 한 쪽의 말만 들으면 친한 사이가 갑자기 멀어질 것이니라.

飽煖에 思淫慾하고 飢寒에 發道心이니라.
포 난   사 음 욕   기 한   발 도 심

飽(물릴 포) 煖(따뜻할 난) 淫(음란할 음) 慾(욕심 욕) 飢(주릴 기)

풀이 배부르고 따뜻한 곳에서 호강하고 살면 음흉스러운(정욕) 마음이 생기고, 굶주리고 추운 생활에서는 옳은[도덕의] 마음이 일어나느니라.

疏廣이 曰 賢人多財면 則損其志하고
소 광   왈 현 인 다 재   즉 손 기 지

愚人多財면 則益其過니라.
우 인 다 재 　 즉 익 기 과

疏(트일 소) 廣(넓을 광) 賢(어질 현) 財(재물 재) 損(덜 손) 愚(어리석을 우) 益(더할 익) 過(허물 과)

[풀이] 소광이 말하였다.
어진 사람에게 재물이 많으면 그의 지조가 손상되고, 어리석은 사람에게 재물이 많으면 그 허물을 더하느니라.

[참고] **소광(疏廣)**: 전한(前漢) 선제(宣帝) 때 사람으로 태부(太傅)의 높은 지위에 있다가 나이가 들어 벼슬을 그만두자, 선제와 태자가 많은 재물(財物)을 내렸다. 그가 그 재물들을 하나도 남김없이 친구들에게 나누어 주자 어떤 사람이 그에게 그 재물을 자손들에게 물려주라고 하자 그가 한 말임.

人貧智短하고 福至心靈이니라.
인 빈 지 단 　 복 지 심 령

貧(가난할 빈) 短(짧을 단) 福(복 복) 至(이를 지) 靈(신령 령)

[풀이] 사람이 가난하면 지혜도 짧아지고, 복에 다다르면 마음도 존귀해지느니라.

不經一事면 不長一智니라.
불 경 일 사 　 부 장 일 지

事(일 사) 智(슬기 지)

[풀이] 한 가지의 일이라도 경험하지 않으면, 그 일에 대한 한 가지 지혜도 자라지 못하느니라.

是非終日有라도 不聽이면 自然無니라.
시 비 종 일 유   불 청   자 연 무

是(옳을 시) 非(아닐 비) 聽(들을 청) 自(스스로 자) 然(그러할 연)

풀이 온종일 옳고 그름을 따지더라도 이를 들은 체하지 않으면 저절로 없어지느니라.

來說是非者는 便是是非人이니라.
내 설 시 비 자   변 시 시 비 인

來(올 래) 說(말씀 설) 便(곧(즉시) 변) 是(옳을 시)

풀이 찾아 와서 남의 시비를(옳고 그름을) 말하는 자는 바로(곧) 나에게 시비를 거는 사람이니라.

擊壤詩에 云 平生에 不作皺眉事하면
격 양 시   운 평 생   부 작 추 미 사

世上에 應無切齒人이니 大名을
세 상   응 무 절 치 인   대 명

豈有鐫頑石가 路上行人이 口勝碑니라.
기 유 전 완 석   노 상 행 인   구 승 비

皺(주름 추) 眉(눈썹 미) 應(응당 응) 切(끊을 절) 齒(이 치) 豈(어찌 기) 鐫(새길 전)
頑(완고할 완) 勝(이길 승) 碑(비석 비)

풀이 「격양시」에서 말하였다.

평생 동안 눈썹 찌푸릴 일을 하지 않으면 세상에 응당 나에게 이를 갈 사람이 없을 것이니, 크게 떨친 이름을 어찌 뜻 없는 돌에 새길 것인가, 길 가는 사람들이 하는 말이 비문보다 나으니라.

有麝自然香이니 **何必當風立**가.
유 사 자 연 향　　　하 필 당 풍 립

麝(사향노루 사) 香(향기 향) 當(마땅할 당) 風(바람 풍)

풀이 사향을 가졌으면 저절로 향기로우니, 어찌 꼭 바람이 불어야만 향기롭겠는가?

참고 **사향(麝香)**: 사향노루·사향고양이 등의 수컷의 향낭(香囊)에서 채취한 흑갈색 가루로 특수한 냄새를 풍김. 사향노루(궁노루)는 배꼽 근처에 향낭이 있고, 사향고양이는 생식기와 항문 근처에 사향샘이 있다.

有福莫享盡하라 **福盡身貧窮**이요
유 복 막 향 진　　　복 진 신 빈 궁
有勢莫使盡하라 **勢盡冤相逢**이니라
유 세 막 사 진　　　세 진 원 상 봉
福兮常自惜하고 **勢兮常自恭**하라
복 혜 상 자 석　　　세 혜 상 자 공
人生驕與侈는 **有始多無終**이니라.
인 생 교 여 치　　　유 시 다 무 종

窮(다할 궁) 冤(원통할 원) 逢(만날 봉) 驕(교만할 교) 侈(사치할 치)

풀이 복(福)이 있다고 모두 다 누리지 말라. 복이 다하면 몸이 빈궁해질 것이요, 권세(權勢)가 있다 해도 다 부리지 말라. 권세가 다하면 원수와 서로 만나느니라. 복이 있거든 항상 스스로 아끼고, 권세가 있거든 항상 스스로 공손하라. 인간 생활에서 흔히 교만과 사치는 처음에는 있으나 나중에는 없는 경우가 많으니라.

王參政四留銘에 曰
왕 참 정 사 류 명   왈

留有餘不盡之巧하여 以還造物하고
유 유 여 부 진 지 교   이 환 조 물

留有餘不盡之祿하여 以還朝廷하고
유 유 여 부 진 지 록   이 환 조 정

留有餘不盡之財하여 以還百姓하고
유 유 여 부 진 지 재   이 환 백 성

留有餘不盡之福하여 以還子孫이니라.
유 유 여 부 진 지 복   이 환 자 손

餘(남을 여) 盡(다할 진) 巧(공교할 교) 還(돌려줄 환) 祿(복 록)

풀이 왕참정의 「사류명」에서 말하였다.
여유있게 재주를 남겨 두었다가 조물주에게 돌려주고, 여유있게 봉록을 남겨 두었다가 조정에 돌려주고, 여유있게 재물을 남겨 두었다가 백성들에게 돌려주고, 여유있게 복을 남겨 두었다가 자손에게 돌려줄지니라.

> **참고** **왕참정(王參政)**: 이름은 단(旦)으로 북송(北宋), 진종(眞宗) 때 정치가임. 사류명(四留銘)이란 '네 가지를 남겨 두라'는 계명임.

黃金千兩이 **未爲貴**요
황 금 천 냥   미 위 귀
得人一語가 **勝千金**이니라.
득 인 일 어   승 천 금

黃(누를 황) 兩(두 량(냥)) 得(얻을 득) 語(말씀 어) 勝(이길 승)

> **풀이** 황금 천 냥이 귀한 것이 아니요, 남의 좋은 말 한 마디 듣는 것이 천금(千金)보다 나으니라.

巧者는 **拙之奴**요 **苦者**는 **樂之母**니라.
교 자   졸 지 노   고 자   낙 지 모

巧(공교할 교) 拙(졸할 졸) 奴(종 노) 苦(쓸 고) 樂(즐길 락)

> **풀이** 재주 있는 사람은 재주 없는 사람의 종이요(사람을 위해 일해야 한다), 오늘의 고생은 내일의 즐거움의 근본이니라.

小船은 **難堪重載**요
소 선   난 감 중 재
深逕은 **不宜獨行**이니라.
심 경   불 의 독 행

船(배 선) 堪(견딜 감) 載(실을 재) 逕(좁은 길(경)) 宜(마땅할 의)

성심편 상(省心篇 上)

> 🔵 **풀이** 작은 배는 실은 물건이 무거우면 견디기 어렵고, 으슥한(깊은) 길은 혼자 다니기에 마땅치 않으니라.

黃金이 未是貴요 安樂이 值錢多니라.
황금   미시귀   안락   치전다

值(값 치) 錢(돈 전) 多(많을 다)

> 🔵 **풀이** 황금이 귀한 것이 아니요, 편안하고 즐거움이 돈보다 값어치가 많으니라.

在家에 不會邀賓客이면
재가   불회요빈객
出外에 方知少主人이니라.
출외   방지소주인

會(모일 회) 邀(맞이할 요(료)) 賓(손 빈) 客(손 객) 主(주인 주)

> 🔵 **풀이** 집에 있을 때 손님을 맞아 대접할 줄 모르면, 밖에 나가서야 비로소 (나를 빈객으로 대접할) 주인이 적은 줄을 아느니라.

貧居鬧市無相識이요
빈거요시무상식
富住深山有遠親이니라.
부주심산유원친

鬧(시끄러울 요(뇨)) 市(저자 시) 識(알 식) 遠(멀 원) 親(친할 친)

풀이 가난하면 번화한 시장터에 살아도 서로 아는 사람이 없을 것이요, 부유하면 깊은 산골에 살아도 먼 곳에서 찾아오는 친구가 있느니라.

人義는 盡從貧處斷이요
인 의   진 종 빈 처 단

世情은 便向有錢家니라.
세 정   변 향 유 전 가

義(옳을 의) 從(좇을 종) 處(살 처) 斷(끊을 단) 便(곧 변) 錢(돈 전)

풀이 사람의 의리는 모두가 다 가난 때문에 끊어지는 것이요, 세상의 인정은 곧 돈 있는 집으로 쏠리느니라.

寧塞無底缸이언정 難塞鼻下橫이니라.
영 색 무 저 항   난 색 비 하 횡

寧(차라리 녕) 塞(막을 색) 缸(항아리 항) 鼻(코 비) 橫(가로 횡)

풀이 차라리 밑 빠진 항아리는 막을 수 있을지언정, 코 밑에 가로 놓인 입은 막기 어려우니라.

人情은 皆爲窘中疎니라.
인 정   개 위 군 중 소

情(뜻 정) 皆(다 개) 爲(할 위) 窘(막힐 군) 疎(트일(멀리할) 소)

풀이 사람의 정분은 모든 것이 군색한 가운데서 멀어지느니라.

史記에 曰 郊天禮廟는 非酒不享이요
사 기   왈 교 천 예 묘   비 주 불 향

君臣朋友는 非酒不義요
군 신 붕 우   비 주 불 의

鬪爭相和는 非酒不勸이라
투 쟁 상 화   비 주 불 권

故로 酒有成敗而不可汎飮之니라.
고   주 유 성 패 이 불 가 범 음 지

郊(성밖(들) 교) 禮(예도 례) 廟(사당 묘) 享(누릴 향) 鬪(싸움 투) 爭(다툴 쟁) 勸(권할 권)
汎(뜰 범) 飮(마실 음)

풀이 「사기」에서 말하였다.
하늘에 제사 지내고 사당에 제례를 올림에 있어서도 술이 아니면 그것을 받지 않을 것이요, 임금과 신하, 친구 사이에도 술이 아니면 정의가 두터워지지 않을 것이요, 싸움을 한 후 서로 화해함에 있어서도 술이 아니면 권하지 못할 것이다. 그러므로 술에는 성공과 실패가 있으니 이를 마시되 함부로 마시면 안 되느니라.

참고 **사기(史記)**: 사마천(司馬遷)이 황제(黃帝)로부터 한(漢)나라 무제(武帝)까지의 역대 왕조의 사적을 기전체로 적은 역사책. 약 3천 년 동안의 중국 역사를 기록한 사서(史書)임.

子曰 士志於道 而恥惡衣惡食者는
자 왈 사 지 어 도 이 치 악 의 악 식 자

未足與議也니라.
미 족 여 의 야

士(선비 사) 志(뜻 지) 恥(부끄러워할 치) 與(더불어 여) 議(의논할 의)

풀이 공자가 말씀하셨다.

선비가 도에 뜻을 두면서, 나쁜 옷과 나쁜 음식을 부끄러워하는 사람과는 서로 같이 도를 의논할 수 없느니라.

荀子曰 士有妬友하면 則賢交不親하고 君有妬臣하면 則賢人不至니라.
순자왈 사유투우 즉현교불친 군유투신 즉현인부지

妬(강샘할 투) 賢(어질 현) 臣(신하 신) 至(이를 지)

풀이 순자가 말하였다.

선비가 친구를 투기하는 일이 있으면 어진 친구와 친할 수 없고, 임금이 신하를 투기하는 일이 있으면 어진 사람이 오지 않느니라.

天不生無祿之人하고
천불생무록지인
地不長無名之草니라.
지부장무명지초

祿(녹 록(급료 복)) 草(풀(잡초) 초)

풀이 하늘은 녹(복)이 없는 사람을 태어나게 하지 않고, 땅은 이름 없는 풀을 기르지 않느니라.

大富는 由天하고 小富는 由勤이니라.
대부   유천   소부   유근

由(말미암을 유) 勤(부지런할 근)

풀이 큰 부자는 하늘의 뜻에 달려 있고, 작은 부자는 부지런한 데서 오느니라.

成家之兒는 惜糞如金하고
성가지아   석분여금
敗家之兒는 用金如糞이니라.
패가지아   용금여분

成(이룰 성) 惜(아낄 석) 糞(똥 분) 敗(망할(패할) 패)

풀이 집안을 일으킬 아이는 똥을 아끼기를 금과 같이 (귀하게) 여기고, 집을 망칠 아이는 돈 쓰기를 똥과 같이 (천하게) 여기느니라.

康節邵先生이 曰 閑居에
강절소선생   왈 한거
愼勿說無妨하라 纔說無妨便有妨이니라
신물설무방   재설무방변유방
爽口物多能作疾이요
상구물다능작질

快心事過必有殃이라
쾌 심 사 과 필 유 앙

與其病後能服藥으론
여 기 병 후 능 복 약

不若病前能自防이니라.
불 약 병 전 능 자 방

愼(삼갈 신) 纔(겨우 재) 爽(시원할 상) 疾(병 질) 殃(재앙 앙)

풀이 강절 소선생이 말하였다.

편안하고 한가롭게 살 때 삼갈 것은 걱정거리가 없다고 말하지 말라. 겨우[방금 전에] 걱정할 것이 없다고 말하자마자 곧 걱정거리가 있느니라. 입에 맞는다고 음식을 많이 먹으면 마침내 병이 생기는 법이요, 마음에 상쾌한 일이 지나치면 반드시 재앙이 있느니라. 병이 든 후에 약을 먹는 것보다는 차라리 병이 들기 전에 스스로 예방하는 것이 좋으니라.

梓潼帝君垂訓에 曰 妙藥도
재 동 제 군 수 훈 왈 묘 약

難醫冤債病이요 橫財는 不富命窮人이라
난 의 원 채 병 횡 재 불 부 명 궁 인

生事事生을 君莫怨하고 害人人害를
생 사 사 생 군 막 원 해 인 인 해

汝休嗔하라 天地自然이 皆有報하니
여 휴 진 천 지 자 연 개 유 보

성심편 상(省心篇 上) | **103**

遠在兒孫近在身이니라.
원 재 아 손 근 재 신

梓(가래나무 재) 垂(드리울 수) 訓(가르칠 훈) 妙(묘할 묘) 藥(약 약) 醫(의원 의) 冤(원통할 원)
窮(다할 궁) 怨(원망할 원) 嗔(성낼 진)

풀이 재동제군의 「수훈(垂訓)」에서 말하였다.
아무리 신묘한 약을 가지고 있다고 해도 원한에 사무친 병은 고치기 어렵고, 뜻밖에 생기는 횡재도 운수가 나쁜 사람을 부자로 만들지 않느니라. 일을 저지르고 나서 일이 생겼다고 원망하지 말고, 남을 해치면 남이 나를 해치는 것을 그대는 성내지 말라. 하늘과 땅 사이의 모든 일에는 갚음이 있나니, 그 보답이 멀게는 자손에게 있고 가까우면 자기 몸에 있느니라.

참고 **재동제군(梓潼帝君)** : 도가(道家)에 속한 신의 이름.

花落花開開又落하고
화 락 화 개 개 우 락

錦衣布衣更換着이라
금 의 포 의 경 환 착

豪家도 **未必常富貴**요
호 가   미 필 상 부 귀

貧家도 **未必長寂寞**이라
빈 가   미 필 장 적 막

扶人에 **未必上青霄**요
부 인   미 필 상 청 소

推人에 未必塡溝壑이라
추 인 미 필 전 구 학

勸君凡事莫怨天하라
권 군 범 사 막 원 천

天意於人에 無厚薄이니라
천 의 어 인 무 후 박

錦(비단 금) 更(바꿀 경) 換(바꿀 환) 豪(호걸 호) 寞(쓸쓸할 막) 扶(도울 부) 霄(하늘 소)
塡(메울 전) 溝(도랑 구) 壑(골 학) 勸(권할 권) 薄(엷을 박)

풀이 꽃은 졌다가 피고, 피었다가 다시 지고, 비단옷도 다시 삼베옷으로 바뀌느니라. 호화로운 집이라도 반드시 언제나 부유한 것은 아니요, 가난한 집이라도 반드시 언제까지나 적막하지는 않느니라. 사람을 붙들어 올려도 반드시 푸른 하늘에 올라가지 못할 것이요, 사람을 밀어뜨린다 해도 반드시 깊은 골짜기에 굴러 떨어지지는 않느니라. 그대에게 권하노니, 매사에 있어서 하늘을 원망하지 말라. 하늘의 뜻은 원래 사람에게 후(厚)하고 박(薄)함의 구별이 없느니라.

堪歎人心이 毒似蛇라
감 탄 인 심 독 사 사

誰知天眼이 轉如車오.
수 지 천 안 전 여 거

去年에 妄取東隣物터니
거 년 망 취 동 린 물

성심편 상(省心篇 上) | 105

今日還歸北舍家라 無義錢財는
금 일 환 귀 북 사 가   무 의 전 재

湯潑雪이요 儻來田地는 水推沙라
탕 발 설   당 래 전 지   수 추 사

若將狡譎爲生計면
약 장 교 휼 위 생 계

恰似朝開暮落花라.
흡 사 조 개 모 낙 화

堪(견딜 감) 歎(한탄할 탄) 似(같을 사) 蛇(뱀 사) 轉(구를 전) 妄(허망할 망) 湯(끓을 탕)
潑(뿌릴 발) 儻(갑자기(혹은) 당) 狡(교활할 교) 譎(속일 휼)

풀이 사람의 마음이 독하기가 뱀 같음을 한탄하노라. 하늘의 눈이 수레바퀴처럼 돌아가고 있음을 누가 알리오? 지난 해에 부질없이 동쪽 이웃에 있는 물건을 탐내어 가져왔더니, 오늘은 다시 북쪽 집으로 돌아가는구나. 의롭지 않은 돈과 재물은 끓는 물에 뿌린 눈[雪]이요, 뜻밖에 얻은 전답은 물살에 밀려온 모래와 같으니라. 만일 간사한 속임수로 생계를 삼는다면, 그것은 마치 아침에 피었다가 저녁에 지는 꽃과 같이 오래가지 못하느니라.

無藥可醫卿相壽요
무 약 가 의 경 상 수

有錢難買子孫賢이니라.
유 전 난 매 자 손 현

醫(의원(고칠) 의) 卿(벼슬 경) 壽(목숨 수) 難(어려울 난) 賢(어질 현)

🔵풀이 약이라고 하여 모두 재상의 수명을 고칠 수 없고, 돈이 있어도 자손의 어질고 현명함을 사기 어려우니라.

一日淸閑이면 一日仙이니라.
일 일 청 한 일 일 선

淸(맑을 청) 閑(한가할 한) 仙(신선 선)

🔵풀이 하루동안 마음이 깨끗하고 한가하면 그 하루 동안은 신선이니라.

성심편 하(省心篇 下)
인덕(仁德)을 베풀고 사랑하라

眞宗皇帝御製에 曰
진 종 황 제 어 제   왈

知危識險이면 終無羅網之門이요
지 위 식 험   종 무 나 망 지 문

擧善薦賢이면 自有安身之路라
거 선 천 현   자 유 안 신 지 로

施仁布德은 乃世代之榮昌이요
시 인 포 덕   내 세 대 지 영 창

懷妬報冤은 與子孫之危患이라
회 투 보 원   여 자 손 지 위 환

損人利己면 終無顯達雲仍이요
손 인 이 기   종 무 현 달 운 잉

害衆成家면 豈有長久富貴리오
해 중 성 가   기 유 장 구 부 귀

改名異體는 皆因巧語而生이요
개명이체　　개인교어이생

禍起傷身은 皆是不仁之召니라.
화기상신　　개시불인지소

識(알 식) 羅(새그물 라) 網(그물 망) 擧(들 거) 薦(천거할 천) 懷(품을 회) 妬(투기할 투) 冤(원통할 원) 顯(나타날 현) 達(통달할 달) 體(몸 체) 禍(재화 화) 起(일어날 기) 傷(상처 상) 召(부를 소)

풀이 진종황제(眞宗皇帝)의 「어제(御製)」에서 말하였다.
위태로움을 알고 험한 것을 알면, 아무래도 법(法)에 걸릴 까닭이 없을 것이요, 착한 사람을 받들고 어진 사람을 추천하면 스스로 몸이 편안할 것이니라. 인(仁)을 베풀고 덕(德)을 펴는 것은 곧 대대로 영광을 가져올 것이요, 시기하는 마음을 품고 억울한 죄를 보복함은 자손에게 위태로움과 근심을 끼치는 것이니라. 남을 해쳐서 자기를 이롭게 한다면, 끝내 현명한 자손을 기를 수 없을 것이요, 여러 사람을 해쳐서 자기 집안을 이루게 하면 어찌 그렇게 얻은 부귀를 오랫동안 누릴 수 있으리오. 이름을 바꾸고 몸을 고치는 것은 모두 교묘한 말재주에서 나오게 된 것이요, 재앙이 일어나고 자기 몸까지 상하게 되는 것은 모두가 어질지 못함이 부르는 것이니라.

참고 **진종황제(眞宗皇帝)**: 북송(北宋)의 제 3대 황제로 전주(澶州)의 맹약(盟約)을 맺어 거란과의 오랜 동안의 분쟁을 해결하였음. 송나라의 문물의 융성함을 이루었음. **어제(御製)**: 임금이 지은 시문(詩文)을 일컬음.

神宗皇帝御製에 曰 遠非道之財하고
신종황제어제 왈 원비도지재

戒過度之酒하며 居必擇隣하고
계과도지주 거필택린

交必擇友하라 嫉妬를 勿起於心하고
교필택우 질투 물기어심

讒言을 勿宣於口하며 骨肉貧者를
참언 물선어구 골육빈자

莫疎하고 他人富者를 莫厚하라 克己는
막소 타인부자 막후 극기

以勤儉爲先하고 愛衆은 以謙和爲首하며
이근검위선 애중 이겸화위수

常思已往之非하고 每念未來之咎하라
상사이왕지비 매념미래지구

若依朕之斯言이면 治國家而可久니라.
약의짐지사언 치국가이가구

戒(경계할 계) 擇(가릴 택) 妬(강샘암할 투) 讒(참소할 참) 宣(베풀 선) 克(이길 극)
勤(부지런할 근) 儉(검소할 검) 衆(무리 중) 謙(겸손할 겸) 念(생각할 념) 咎(허물 구)
依(의지할 의) 朕(나 짐) 久(오랠 구)

풀이 신종황제(神宗皇帝)의 「어제(御製)」에서 말하였다.

올바른 도리로 생긴 재물이 아니면 이를 멀리하고, 술을 지나치게 마시는 것을 경계할 것이며, 집을 정할 때는 반드시 이웃을 먼저 가리고, 친구를 사귈 적에는 언제나 사람을 가려서 사귀어라. 남을 시기하는 마음을 갖지 말고, 남을 헐뜯는 말을 하지 말며, 집이 가난한 사람을 소홀히 대하지 말고, 남의 부유함에 쓸데없이 후하게 대하지 말라. 사사로운 욕심을 버리고 언제나 부지런하며 검소한 것을 첫째로 삼고, 사람들을 사랑함에 있어서는 겸손하고 화목한 것을 으뜸으로 삼으며, 항상 지난날의 잘못을 생각하고, 언제나 앞날을 염두에 두어라. 만일 나의 한 말을 잘 따른다면 나라와 집안을 오랫동안 잘 다스릴 수 있느니라.

참고 **신종(神宗)**: 북송(北宋)의 제 6대 황제.

高宗皇帝御製에 曰 一星之火도
고종황제어제 왈 일성지화
能燒萬頃之薪하고 半句非言도
능소만경지신 반구비언
誤損平生之德이라 身被一縷나
오손평생지덕 신피일루
常思織女之勞하고 日食三飱이나
상사직녀지로 일식삼손
每念農夫之苦하라 苟貪妬損이면
매념농부지고 구탐투손
終無十載安康이요 積善存仁이면
종무십재안강 적선존인
必有榮華後裔니라 福緣善慶은
필유영화후예 복연선경

多因積行而生이요 入聖超凡은
다 인 적 행 이 생   입 성 초 범
盡是眞實而得이니라.
진 시 진 실 이 득

星(별 성) 燒(사를 소) 頃(넓이 단위 경) 薪(섶나무 신) 誤(그릇할 오) 被(이불 피) 縷(실 루)
織(짤 직) 飱(저녁밥 손) 農(농사 농) 載(해 재) 裔(후손 예) 緣(인연 연) 慶(경사 경) 超(넘을 초)

풀이 고종황제의 「어제(御製)」에서 말하였다. 한 점의 불티가 능히 드넓은 숲을 불태우고, 반 마디의 그릇된 말이 평생의 덕을 허물어뜨리느니라. 몸에 한 오라기의 실을 걸쳤어도 항상 베 짜는 여자의 수고로움을 생각하고, 하루 세 끼 밥을 먹을 때마다 언제나 농부의 수고를 생각하라. 미워하고 탐내고, 시기하여 남에게 손해를 끼친다면, 결코 10년의 편안함도 없을 것이요, 선(善)을 쌓고 인(仁)을 보존하면, 반드시 후손들에게 영화가 있으리라. 복이라는 것은 착함 때문에 오는 것이니 착한 일을 많이 함으로써 생겨나는 것이요, 평범한 경지를 초월해서 성인의 경지에 들어가는 것은 모두가 진실함으로써 얻어지는 것이니라.

王良이 曰 欲知其君이면 先視其臣하고
왕 량   왈 욕 지 기 군   선 시 기 신
欲識其人이면 先視其友하고
욕 식 기 인   선 시 기 우
欲知其父이면 先視其子하라
욕 지 기 부   선 시 기 자

君聖臣忠하고 父慈子孝니라.
군 성 신 충   부 자 자 효

視(볼 시) 識(알 식) 聖(성스러울 성) 忠(충성 충) 慈(사랑할 자)

풀이 왕량이 말하였다.

그 임금을 알려거든 먼저 그 신하를 보고, 그 사람을 알려거든 먼저 그 친구를 보고, 그 아버지를 알려거든 먼저 그 자식을 보라. 임금이 거룩하면 그 신하가 충성스럽고, 아버지가 인자하면 그 자식이 효성스러우니라.

참고 왕량(王良) : 춘추시대(春秋時代) 진(晉)나라 사람.

家語에 云 水至淸則無魚하고
가 어   운 수 지 청 즉 무 어

人至察則無徒니라.
인 지 찰 즉 무 도

至(이를(지극히) 지) 則(곧 즉) 魚(고기 어) 察(살필 찰) 徒(무리 도)

풀이 공자의 「가어」에서 말하였다.

물이 지나치게 맑으면 고기가 없고, 사람이 지나치게 똑똑하면 친구가 없느니라.

참고 가어(家語) : 「공자가어(孔子家語)」를 말함. 공자의 언행을 모은 책.

許敬宗이 曰 春雨如膏나 行人은
허 경 종   왈 춘 우 여 고   행 인

惡其泥濘하고 秋月이 揚輝나 盜者는
오 기 이 녕   추 월   양 휘   도 자

憎其照鑑이니라.
증 기 조 감

膏(살찔 고) 惡(싫어할 오(악할 악)) 泥(진흙 니) 濘(진창 녕) 揚(오를 양) 輝(빛날 휘)
盜(훔칠 도) 憎(미워할 증) 照(비출 조) 鑑(거울 감)

풀이 허경종이 말하였다.
봄비는 땅을 기름지게 하는데도 길 가는 사람은 그 진땅을 싫어하고, 가을달이 높게 떠올라 비추지만 도둑질하는 자는 그 밝음을 싫어하느니라.

참고 **허경종(許敬宗)**: 자는 연족(延族)으로 당나라 사람임.

景行錄에 云 大丈夫는 見善明故로
경 행 록   운 대 장 부 견 선 명 고

重名節於泰山하고 用心精故로
중 명 절 어 태 산   용 심 정 고

輕死生於鴻毛니라.
경 사 생 어 홍 모

節(절개 절) 泰(클 태) 精(정밀할 정) 輕(가벼울 경) 鴻(큰기러기 홍)

풀이 「경행록(景行錄)」에서 말하였다.
대장부는 선(善)을 보는 데 밝음으로 명예와 절개를 태산보다도 더 소중히 여기고, 마음을 쓰는 것이 깨끗하므로 삶과 죽음을 기러기 털보다도 더 가볍게 여기느니라.

悶人之凶하고 樂人之善하며
민인지흉   낙인지선
濟人之急하고 救人之危니라.
제인지급   구인지위

悶(민망할 민) 凶(흉할 흉) 濟(건널(구제할) 제) 救(구원할(도울) 구)

풀이 남의 흉한 일을 민망히 여기고, 남의 좋은 일은 기뻐하며, 남이 매우 급할 때는 구해주고, 남이 위험할 때는 도와주어야 하느니라.

經目之事도 恐未皆眞이어늘
경목지사   공미개진
背後之言을 豈足深信이리오.
배후지언   기족심신

經(지날 경) 恐(두려울 공) 眞(참 진) 背(등 배) 豈(어찌 기)

풀이 눈으로 직접 본 일도 다 진실이 아닐까 두렵거늘, 뒤에서 쑥덕거리는 말을 어찌 족히 깊이 믿을 수 있으리오.

不恨自家汲繩短하고
불한자가급승단

只恨他家苦井深이로다.
지 한 타 가 고 정 심

恨(한할(탓할) 한) 汲(길을(긷다) 급) 繩(줄 승) 短(짧을 단)

풀이 자기 집의 두레박줄이 짧은 것은 탓하지 않고, 남의 집 우물이 깊은 것만을 탓하느니라.

贓濫이 滿天下하되 罪拘薄福人이니라.
장 람   만 천 하   죄 구 박 복 인

贓(장물 장) 濫(퍼질 람) 罪(허물 죄) 拘(잡을 구) 薄(엷을 박)

풀이 부정한 방법으로 재물을 얻은 사람이 천하에 가득하되 죄에 걸려 구속되는 사람은 박복한 사람뿐이니라.

天若改常이면 不風卽雨요
천 약 개 상   불 풍 즉 우

人若改常이면 不病卽死니라.
인 약 개 상   불 병 즉 사

改(고칠 개) 常(항상 상) 卽(곧 즉) 病(병 병) 死(죽을 사)

풀이 하늘이 만일 떳떳한 도리에 어긋나면 폭풍 아니면 폭우가 쏟아질 것이요, 사람이 만일 떳떳한 도리에 어긋나면 병이 들거나 아니면 죽느니라.

壯元詩에 云 國正이면 天心順하고
장원시 운 국정 천심순
官淸이면 民自安이라 妻賢이면
관청 민자안 처현
夫禍少하고 子孝면 父心寬이니라.
부화소 자효 부심관

壯(씩씩할 장) 順(순할 순) 官(벼슬 관) 妻(아내 처) 賢(어질 현) 禍(재화 화) 孝(효도 효)
寬(너그러울 관)

풀이 「장원시」에서 말하였다.
나라가 바르면 하늘의 뜻도 순하고, 벼슬아치가 깨끗하면 백성도 따라서 편안하느니라. 아내가 어질면 그 남편에게는 화(禍)가 적고, 자식이 효성스러우면 그 아버지의 마음이 너그러워지느니라.

참고 장원시(壯元詩) : 과거에서 장원으로 뽑힌 사람의 시(詩).

子曰 木從繩則直하고 人受諫則聖이니라.
자왈 목종승즉직 인수간즉성

從(쫓을 종) 繩(먹줄 승) 直(곧을 직) 諫(간할 간) 聖(성스러울 성)

풀이 공자가 말씀하셨다.
나무는 먹줄을 따라 깎으면 곧아지고, 사람은 다른 사람의 어려운 충고를 받아들이면 거룩해지느니라.

一派靑山景色幽한데
일 파 청 산 경 색 유

前人田土後人收라
전 인 전 토 후 인 수

後人收得莫歡喜하라
후 인 수 득 막 환 희

更有收人在後頭니라.
갱 유 수 인 재 후 두

派(물갈래 파) 景(볕 경) 幽(그윽할 유) 收(거둘 수) 莫(말 막) 歡(기뻐할 환) 喜(기쁠 희)
更(다시 갱(고칠 경))

풀이 한 줄기 푸른 산은 그 경치가 그윽한데, 앞사람이 가꾸던 밭과 토지를 뒷사람이 거두는구나. 뒷사람은 거두어 얻는 것을 기뻐하지 말라, 다시 거둘 사람이 우리 뒤에 또 있느니라.

蘇東坡曰 無故而得千金이면
소 동 파 왈 무 고 이 득 천 금

不有大福이라 必有大禍니라.
불 유 대 복 필 유 대 화

故(연고 고) 福(복 복) 禍(재화 화)

풀이 소동파가 말하였다.
아무 까닭 없이 천금을 얻으면 무슨 큰 복이 있는 것이 아니라, 반드시 큰 재앙이 있느니라.

> **참고** **소동파(蘇東坡)**: 이름은 식(軾)으로 호가 동파(東坡)이다. 북송(北宋)의 문인으로서 당송팔대가(唐宋八大家)의 한 사람임. 그 아버지 순(洵) 및 아우 철(轍)과 더불어 삼소(三蘇)로 불렸음.

康節邵先生이 曰 有人이 來問卜하되
강절소선생　왈　유인　　래문복

如何是禍福고 我虧人是禍요
여하시화복　　아휴인시화

人虧我是福이니라.
인휴아시복

問(물을 문) 卜(점 복) 禍(재화 화) 福(복 복) 虧(이지러질 휴)

> **풀이** 강절 소선생이 말하였다.
> 어떤 사람이 찾아와서, '어떤 것이 화가 되고 어떤 것이 복이 되느냐'고 나에게 점쳐달라고 하기에, '내가 남을 해롭게 하면 이것이 화(禍)요, 남이 나를 해롭게 하면 이것이 복(福)이니라.' 하였다.

大廈千間이라도 夜臥八尺이요
대하천간　　　　야와팔척

良田萬頃이라도 日食二升이니라.
양전만경　　　　일식이승

廈(큰 집 하) 臥(누워 잘 와) 頃(넓이 단위 경) 食(먹을 식) 升(되 승)

> **풀이** 천 칸이나 되는 큰 집일지라도 밤에 눕는 것은 여덟 자뿐이요, 좋은 밭이 만 평이나 있더라도 하루의 식량은 두 되면 족할 것이니라.

久住令人賤이요 頻來親也疎라
구 주 령 인 천　　빈 래 친 야 소
但看三五日에 相見不如初니라.
단 간 삼 오 일　　상 견 불 여 초

久(오랠 구) 令(영 령) 賤(천할 천) 頻(자주 빈) 但(다만 단)

> 풀이 : 남의 집에 오래 머물고 있으면 남이 천하게 여기고, 자주 찾아오면 친하던 사이도 소원해지느니라. 오직 사흘이나 닷새 사이인데도 서로 보는 눈이 처음만 같지 못하니라.

渴時一滴은 如甘露요
갈 시 일 적　　여 감 로
醉後添盃는 不如無니라.
취 후 첨 배　　불 여 무

渴(목마를 갈) 滴(물방울 적) 甘(달 감) 露(이슬 로) 醉(취할 취) 添(더할 첨)

> 풀이 : 목마를 때 한 방울 물은 단 이슬과도 같고, 술 취한 뒤에 잔을 더 마시는 술잔은 안 마시는 것보다 못하니라.

酒不醉人이요 人自醉라
주 불 취 인　　인 자 취
色不迷人이요 人自迷니라.
색 불 미 인　　인 자 미

酒(술 주) 不(아닐 불) 色(빛 색) 迷(미혹할 미)

> **풀이** 술이 사람을 취하게 하는 것이 아니라 사람이 스스로 취하며, 색(色)이 사람을 미혹시키는 것이 아니라 사람이 스스로 미혹되는 것이니라.

公心을 若比私心이면 何事不辨이며
공심   약비사심   하사불변
道念을 若同情念이면 成佛多時니라.
도념   약동정념   성불다시

比(견줄 비) 辨(분별할 변) 念(생각할 념) 成(이룰 성) 佛(부처 불)

> **풀이** 공(여럿)을 위하는 마음이 만약 사사로움을 위하는 마음만큼이라면, 무슨 일에서든 옳고 그름을 가려내지 못하랴. 도리를 지키겠다는 마음을 만약 남녀의 정(情)을 생각하는 마음과 같이 한다면 덕을 이룬 지가 이미 오래일 것이니라.

濂溪先生曰 巧者言하고 拙者黙묵하며
염계선생왈 교자언   졸자묵
巧者勞하고 拙者逸하며 巧者賊하고
교자로   졸자일   교자적
拙者德하며 巧者凶하고 拙者吉하나니
졸자덕   교자흉   졸자길
嗚呼라 天下拙이면 刑政이 撤하여
오 호 천하졸   형정   철

성심편 하(省心篇 下) | 121

上安下順하며 風淸弊絶하리라.
상 안 하 순   풍 청 폐 절

巧(공교할 교) 拙(졸할 졸) 黙(묵묵할 묵) 勞(일할 로) 逸(안일할 일) 賊(도둑 적) 凶(흉악할 흉)
嗚(탄식소리 오) 呼(부를 호) 刑(형벌 형) 撤(거둘 철) 弊(해질 폐) 絶(끊을 절)

풀이 염계 선생이 말하였다.

교자(巧者; 덕보다 재주와 꾀가 많은 사람)는 말을 잘하고 졸자(拙者, 재주가 없고 어리석으나 우직한 사람)는 말이 없으며, 교자는 수고롭고 졸자는 한가하며, 교자는 남에게 해끼치고 졸자는 덕성스러우며, 교자는 흉하고 졸자는 길하다. 오! 세상이 졸(겸손)하면 형벌이 없어져 위가 편안하고 아래가 순종하며, 풍속이 맑고 나쁜 폐단이 없어지리라.

참고 **염계(廉溪)**: 성은 주(周). 이름은 돈이(敦頤). 염계는 그 자다. 북송(北宋)의 유학자. 송학(宋學, 朱子學)의 원조로서 「태극도설(太極圖說)」과 「통서(通書)」를 저술하였음. **교자(巧者)**: 덕(德)보다 재주를 앞세우고 자신의 탐욕을 채우는 소인배. **졸자(拙者)**: 재주 없는 어리석고 우직한 사람. 도(道)를 지키는 사람.

易에 曰 德微而位尊하고
역 왈 덕 미 이 위 존
智小而謀大면 無禍者鮮矣니라.
지 소 이 모 대   무 화 자 선 의

微(작을 미) 尊(높을 존) 智(슬기 지) 謀(꾀할 모) 鮮(적을 선)

풀이 「주역」에서 말하였다.

덕(德)이 적으면서도 지위가 높고, 지혜가 없으면서 도모하는 일이 크면 화가 없는 자가 드물 것이니라.

참고 **주역(周易)**: 역경(易經)이라고도 함.

說苑에 曰 官怠於宦成하고
설원 왈 관태어환성

病加於小愈하며 禍生於懈怠하고
병가어소유 화생어해태

孝衰於妻子니 察此四者하여
효쇠어처자 찰차사자

愼終如始니라.
신종여시

怠(게으를 태) 宦(벼슬 환) 愈(나을 유) 懈(게으를 해) 衰(쇠할 쇠) 察(살필 찰) 愼(삼갈 신)

풀이 「설원」에서 말하였다.

벼슬아치는 그 지위가 높아짐에 따라 게을러지고, 질병은 조금 나아짐에 따라 더해지며, 재앙은 게으른 데서 생기고, 효도는 아내와 자식이 생기는 데서 흐려지니(쇠해지니), 이 네 가지를 잘 살펴 삼가기를 처음과 나중이 같게 할지니라.

참고 **설원(說苑)**: 전한(前漢) 때 유향(劉向)이 편찬하였음. 전해 내려오는 이야기를 모은 책임.

器滿則溢하고 人滿則喪이니라.
기 만 즉 일 인 만 즉 상

器(그릇 기) 滿(찰 만) 則(곧 즉) 溢(넘칠 일) 喪(죽을 상)

🔵풀이 그릇은 가득 차면 넘치고, 사람도 운수가 차면(재물을 많이 가지면) 자신을 잃게 되느니라.

尺璧非寶요 寸陰是競이니라.
척 벽 비 보   촌 음 시 경

璧(둥근 옥 벽) 寶(보배 보) 陰(응달 음) 競(겨룰(다툴) 경)

🔵풀이 한 자 되는 구슬이라도 보배가 아니요, 한 치의 짧은 시간을 귀중히 여길지니라.

羊羹이 雖美나 衆口를 難調니라.
양 갱   수 미   중 구   난 조

羹(국 갱) 雖(비록 수) 衆(무리 중) 難(어려울 난) 調(고를 조)

🔵풀이 양고깃국이 아무리 맛이 있어도 여러 사람의 입맛에 고루 다 맞추기는 어려우니라.

益智書에 云 白玉은 投於泥塗라도
익 지 서   운 백 옥   투 어 니 도
不能汚穢其色이요 君子는
불 능 오 예 기 색   군 자
行於濁地라도 不能染亂其心하나니
행 어 탁 지   불 능 염 란 기 심

故로 松栢은 可以耐雪霜이요
고   송백   가 이 내 설 상

明智는 可以涉危難이니라.
명지   가 이 섭 위 난

泥(진흙 니) 塗(진흙 도) 汚(더러울 오) 穢(더러울 예) 濁(흐릴 탁) 染(물들일 염)
栢(측백나무 백) 耐(견딜 내) 霜(서리 상) 涉(건널 섭)

풀이 「익지서」에서 말하였다.
흰 구슬은 진흙 속에 던져도 그 빛을 잃지 않고, 군자는 혼탁한 곳에 갈지라도 그 마음을 어지럽게 물들 수 없느니라. 그러므로 소나무와 잣나무는 서리와 눈을 견디어 내고, 밝은 지혜있는 이는 위급하고 곤란한 일을 잘 헤쳐 나가느니라.

入山擒虎는 易하나
입 산 금 호   이

開口告人은 難이니라.
개 구 고 인   난

擒(사로잡을 금) 虎(범 호) 易(쉬울 이) 告(알릴 고) 難(어려울 난)

풀이 산에 들어가 호랑이를 잡기는 쉬우나 입을 열어 남에게 사실을 알리기는 어려우니라.

遠水는 不救近火요
원 수   불 구 근 화

遠親은 不如近隣이니라.
원 친 불 여 근 린

遠(멀 원) 救(구원할(도울) 구) 近(가까울 근) 隣(이웃 린)

풀이 멀리 있는 물은 가까이에서 붙은 불을 끄지 못하고. 먼 곳의 친척은 가까운 이웃만 못하니라.

太公이 曰 日月이 雖明이나
태 공   왈 일 월   수 명
不照覆盆之下하고 刀刃이 雖快나
부 조 복 분 지 하   도 인 수 쾌
不斬無罪之人하고 非災橫禍는
불 참 무 죄 지 인   비 재 횡 화
不入愼家之門이니라.
불 입 신 가 지 문

覆(뒤집힐 복) 盆(동이 분) 斬(벨 참) 禍(재화 화) 愼(삼갈 신)

풀이 태공이 말하였다.
해와 달이 제아무리 밝아도 엎어놓은 동이(항아리) 밑바닥까지는 비추지 못하고, 칼날이 아무리 날카로워도 죄 없는 사람은 베지 못하고, 나쁜 재앙이나 뜻하지 않은 화는 행동을 삼가고 신중한 사람의 집 문 안으로는 들어가지 못하느니라.

太公이 曰 良田萬頃이
태공 왈 양전만경
不如薄藝隨身이니라.
불여박예수신

頃(넓이 단위 경) 薄(엷을 박) 藝(기예 예) 隨(따를 수)

풀이 태공이 말하였다.
좋은 밭 일만 이랑이라도 아주 얕은 재주 한 가지를 몸에 지닌 것만 못하니라.

性理書에 云 接物之要는
성리서 운 접물지요
己所不欲을 勿施於人하고
기소불욕 물시어인
行有不得이어든 反求諸己니라.
행유부득 반구제기

接(사귈 접) 要(요점 요) 欲(원할 원) 施(베풀 시) 諸(모든 제)

풀이 「성리서(性理書)」에서 말하였다.
남과 사귈 때의 중요한 것은 자기가 하기 싫은 일을 남에게 떠넘기지 말고, 자기가 행하고도 얻지 못한 것이 있거든 반성하여 그 책임을 자신에게서 돌이켜 생각해봐야 하느니라.

酒色財氣四堵墻에
주 색 재 기 사 도 장

多少賢愚在內廂이라
다 소 현 우 재 내 상

若有世人이 跳得出이면
약 유 세 인 도 득 출

便是神仙不死方이니라.
변 시 신 선 불 사 방

堵(담 도) 墻(담 장) 愚(어리석을 우) 廂(행랑 상) 跳(뛸 도) 便(곧(변) 편할(편))

풀이 술과 여색과 재물과 기운이 네 가지로 쌓은 담 안에 수많은 어진 이와 어리석은 자가 그 방 안에 있느니라.
만일 사람들 중에 이곳에서 뛰쳐나오는 이가 있다면 그것은 바로 신선이 되어 죽지 않는 방책이니라.

참고 **사도장(四堵墻)** : 도장(堵墻)은 담의 뜻으로 네 가지(술·색·재물·기운)로 쌓은 담으로 풀이한다.

입교편(立教篇)
삼강오륜과 수신제가치국을 위한 가르침

子曰 立身有義하니 而孝爲本이요
자왈 입신유의 이효위본

喪祀有禮하니 而哀爲本이요
상사유례 이애위본

戰陣有列하니 而勇爲本이요
전진유열 이용위본

治政有理하니 而農爲本이요
치정유리 이농위본

居國有道하니 而嗣爲本이요
거국유도 이사위본

生財有時하니 而力爲本이니라.
생재유시 이역위본

義(옳을 의) 祀(제사 사) 禮(예도 례) 哀(슬플 애) 嗣(이을 사)

풀이 공자가 말씀하셨다.

몸을 세움에는 의로움이 있으니 효도(孝道)가 그 근본이요, 상사(喪祀)에는 지킬 예도(禮道)가 있으니 슬퍼함이 그 근본이요, 싸움터에는 질서가 있으니 용맹이 그 근본이요, 나라를 다스리는 데는 이치(理致)가 있으니 농사가 그 근본이요, 나라를 보존하는 데에는 도리가 있으니 대를 잇는 것이 그 근본이요, 재물을 만드는 데는 때가 있으니 노력이[힘이] 그 근본이니라.

景行錄에 **云** **爲政之要**는 **曰公與淸**이요
경 행 록   운   위 정 지 요   왈 공 여 청

成家之道는 **曰儉與勤**이니라.
성 가 지 도   왈 검 여 근

政(정사 정) 公(공변될 공) 與(더불어(함께) 여) 儉(검소할 검) 勤(부지런할 근)

[풀이]「경행록」에서 말하였다.

나라를 다스리는 데 중요한 것은 공정함과 청렴함이요, 집안을 이루는 데는 검소함과 부지런함이니라.

讀書는 **起家之本**이요 **循理**는
독 서   기 가 지 본   순 리

保家之本이요 **勤儉**은 **治家之本**이요
보 가 지 본   근 검   치 가 지 본

和順은 **齊家之本**이니라.
화 순   제 가 지 본

循(좇을 순) 勤(부지런할 근) 儉(검소할 검) 齊(가지런할 제)

130 | 명심보감(明心寶鑑)

> **풀이** 책을 읽는 것은 집안을 일으키는 근본이요, 도리를 따르는 것은 집안을 보존하는 근본이요, 부지런함과 검소함은 집안을 잘 다스리는 근본이요, 화목하고 온순함은 집안을 정돈하여 가지런히 하는 근본이니라.

孔子三計圖_에 云 一生之計_는
공자삼계도   운 일생지계

在於幼_{하고} 一年之計_는 在於春_{하고}
재어유   일년지계   재어춘

一日之計_는 在於寅_{이니} 幼而不學_{이면}
일일지계   재어인   유이불학

老無所知_요 春若不耕_{이면} 秋無所望_{이요}
노무소지   춘약불경   추무소망

寅若不起_면 日無所辦_{이니라.}
인약불기   일무소판

計(꾀 계) 圖(그림 도) 幼(어릴 유) 春(봄 춘) 寅(셋째 지지 인) 所(바 소) 若(만약 약) 耕(밭갈 경) 望(바랄 망) 辦(힘쓸 판)

> **풀이** 공자께서 「삼계도」에서 말하였다.
> 한평생의 계획은 어릴 때에 있고, 일 년의 계획은 봄에 있고, 하루의 계획은 새벽에 있으니, 어려서 배우지 않으면 늙어서 아는 것이 없고, 봄에 밭을 갈지 않으면 가을에 바랄 것이 없으며, 새벽에 일어나지 않으면 그 날의 할 일이 없느니라.

입교편(立敎篇)

性理書에 云 五教之目은 父子有親하며
성리서 운 오교지목 부자유친

君臣有義하며 夫婦有別하며
군신유의 부부유별

長幼有序하며 朋友有信이니라.
장유유서 붕우유신

親(친할 친) 義(옳을 의) 婦(아내 부) 序(차례 서) 朋(벗 붕)

풀이 「성리서」에서 말하였다.

다섯 가지 가르칠 것은, 아버지와 자식 사이엔 친함이 있어야 하며, 임금과 신하 사이엔 의리가 있어야 하며, 남편과 아내 사이엔 분별이 있어야 하며, 어른과 어린이 사이엔 차례가 있어야 하며, 친구 사이엔 돈독한 믿음이 있어야 하느니라.

三綱은 君爲臣綱이요 父爲子綱이요
삼강 군위신강 부위자강

夫爲婦綱이니라.
부위부강

綱(벼리 강) 爲(할(되다) 위)

풀이 삼강(三綱)이란, 임금은 신하의 근본이 되는 것이고, 아버지는 자식의 근본이 되는 것이고, 남편은 아내의 근본이 되는 것이니라.

참고 강(綱) : 사물의 근본을 뜻함.

王蠋이 曰 忠臣은 不事二君이요
왕 촉 왈 충신 불사이군
烈女는 不更二夫니라.
열 녀 불경이부

忠(충성 충) 臣(신하 신) 事(섬길 사) 烈(세찰 렬) 更(바꿀 경) 다시(갱))

풀이 왕촉이 말하였다.
충신은 두 임금을 섬기지 않고, 열녀(절개가 곧은 여자)는 두 지아비를 섬기지 않느니라.

참고 **왕촉(王)** : 전국시대(戰國時代) 제(齊)나라 사람으로 연(燕)나라 군대가 쳐들어와서 성이 함락되어 항복하라는 권고를 받았으나 단호히 물리치고 스스로 목매어 자살하였다. 충신으로 이름 높았음.

忠子曰 治官엔 莫若平이요
충자왈 치관 막약평
臨財엔 莫若廉이니라.
임 재 막약렴

莫(말 막) 若(같을 약) 臨(임할 림) 財(재물 재) 廉(청렴할 렴)

풀이 충자가 말하였다.
벼슬아치가 일을 처리함에는 공평함만한 것이 없고, 재물을 대할 때는 깨끗한 마음을 가져야 하느니라.

참고 **충자(忠子)** : 한(漢)나라 사람. 충담(忠譚)일 일컫는 말인 듯함.

張思叔座右銘에 曰 凡語를 必忠信하며
장 사 숙 좌 우 명   왈 범 어   필 충 신

凡行을 必篤敬하며 飮食을 必愼節하며
범 행   필 독 경   음 식   필 신 절

字畫을 必楷正하며 容貌를 必端莊하며
자 획   필 해 정   용 모   필 단 장

衣冠을 必肅整하며 步履를 必安詳하며
의 관   필 숙 정   보 리   필 안 상

居處를 必正靜하며 作事를 必謀始하며
거 처   필 정 정   작 사   필 모 시

出言을 必顧行하며 常德을 必固持하며
출 언   필 고 행   상 덕   필 고 지

然諾을 必重應하며 見善如己出하며
연 낙   필 중 응   견 선 여 기 출

見惡如己病하라. 凡此十四者는
견 악 여 기 병   범 차 십 사 자

皆我未深省이라. 書此當座右하여
개 아 미 심 성   서 차 당 좌 우

朝夕視爲警하노라.
조 석 시 위 경

篤(도타울 독) 愼(삼갈 신) 楷(곧을 해) 貌(얼굴 모) 肅(엄숙할 숙) 履(밟을 리) 詳(자세할 상)
靜(고요할 정) 謀(꾀할 모) 顧(돌아볼 고) 固(굳을 고) 諾(대답할 낙) 應(응할 응) 深(깊을 심)
省(살필 성) 座(자리 좌) 視(볼 시) 警(경계할 경)

풀이 장사숙의 「좌우명(座右銘)」에서 말하였다.

무릇 말은 반드시 정성스럽고 참되어야 하며, 무릇 행실은 반드시 독실하고 공손히 하며, 음식은 반드시 삼가고 알맞게 하며, 글씨는 반드시 정확하고 반듯하게 쓰며, 몸가짐은 반드시 단정하게 하며, 의관은 반드시 엄숙하고 바르게 하며, 걸음걸이는 반드시 편안하고 점잖게 하며, 거처하는 곳은 반드시 바르고 조용하게 하며, 일하는 것은 반드시 계획을 세워서 시작하며, 말을 하는 것은 반드시 그것을 실천할 수 있는지 없는지를 생각해서 하며, 평상의 덕(德)을 반드시 굳게 가지며, 일을 허락하는 것을 반드시 신중히 응하며, 착한 일을 보거든 내게서 나온 것같이 여기며, 남의 잘못을 보거든 마치 자신의 병처럼 여겨라. 무릇 이 열네 가지는 모두 아직도 내가 깨닫지 못한 것이다. 이것을 써서 자리 오른편에 붙이고 아침저녁으로 보고 경계하여라.

참고 **장사숙(張思叔)** : 북송(北宋) 때 학자로 성리학(性理學)의 대가. 정이천(程伊川)의 제자. **좌우명(座右銘)** : 자리 오른쪽에 써 붙인 글로써 늘 반성하는 자료를 삼는 격언.

范益謙座右銘에 曰
범 익 겸 좌 우 명   왈

一不言朝廷利害邊報差除요
일 불 언 조 정 이 해 변 보 차 제

二不言州縣官員長短得失이요
이 불 언 주 현 관 원 장 단 득 실

三不言衆人所作過惡之事요
사 불 언 중 인 소 작 과 악 지 사

四不言仕進官職趨時附勢요
사 불 언 사 진 관 직 추 시 부 세

五不言財利多少厭貧求富요
오 불 언 재 리 다 소 염 빈 구 부

六不言淫媟戲慢評論女色이요
육 불 언 음 설 희 만 평 론 여 색

七不言求覓人物干索酒食이니라.
칠 부 언 구 멱 인 물 간 색 주 식

又人附書信을 不可開坼沈滯요
우 인 부 서 신　 불 가 개 탁 침 체

與人竝坐에 不可窺人私書요
여 인 병 좌　 불 가 규 인 사 서

凡入人家에 不可看人文字요
범 입 인 가　 불 가 간 인 문 자

凡借人物에 不可損壞不還이요
범 차 인 물　 불 가 손 괴 불 환

凡喫飮食에 不可揀擇去取요
범 끽 음 식　 불 가 간 택 거 취

與人同處에 不可自擇便利요
여 인 동 처　 불 가 자 택 편 리

凡人富貴를 不可歎羨詆毀라.
범인부귀   불가탄선저훼

凡此數事에 有犯之者면
범차수사   유범지자

足以見用心之不正이니
족이견용심지부정

於正心修身에 大有所害라
어정심수신   대유소해

因書以自警하노라.
인서이자경

廷(조정 정) 邊(가 변) 縣(고을 현) 趨(달릴 추) 勢(기세 세) 厭(싫을 염) 淫(음란할 음)
媟(깔볼 설) 評(평할 평) 覓(찾을 멱) 索(찾을 색) 坼(터질 탁) 滯(막힐 체) 窺(엿볼 규)
喫(마실 끽) 揀(가릴 간) 擇(가릴 택) 羨(부러워할 선) 詆(꾸짖을 저) 毀(헐(험담할) 훼)
凡(무릇 범) 犯(범할 범) 修(닦을 수) 因(인할 인) 警(경계할 경)

풀이 범익겸(范益謙)의「좌우명(座右銘)」에서 말하였다.

첫째는 조정에서의 이해와 변방의 보고와 누가 벼슬에 임명된 일에 관하여 말하지 말 것이요,

둘째는 고을에서 벼슬살이 하는 관리들의 장단점과 얻고 잃음에 관하여 말하지 말 것이요,

셋째는 사람들이 저지른 잘못과 나쁜 일을 말하지 말 것이요,

넷째는 누가 관직에 임명되었다거나 누가 세력에 아부해서 출세했다는 일들을 말하지 말 것이요,

다섯째는 재산이 많고 적은 것이나 가난한 게 싫다거나 부자를 바란다거나 하는 말을 하지 말 것이요,

입교편(立敎篇) | 137

여섯째는 음탕하고 난잡한 농담이나 여색에 관한 생각을 말하지 말 것이요,

일곱째는 남의 물건을 탐내거나 술과 음식을 억지로 요구하지 말 것이다.

또 남이 전해달라고 부탁한 편지가 있으면 이것을 뜯어보거나 묵혀 두지 말며, 남과 같이 앉았을 때엔 남의 사사로운 편지를 엿보지 말 것이요, 무릇 남의 집에 가서 남의 문자를 훑어보지 말고, 남의 물건을 빌렸거든 이것을 훼손하거나 묵혀 두지 말 것이요, 무릇 음식을 먹을 적에는 가려서 먹거나 버리거나 취하지 말고, 남과 같이 있으면서 자기만 편한 것을 가려서 취하지 말고, 무릇 남의 재물 많음과 귀한 것을 부러워하거나 헐뜯지 말라.

무릇 이 몇 가지 일을 지키지 못하는 사람이 있다면 능히 그 마음 쓰는 것이 바르지 못함을 알 수 있으니, 마음을 바르게 하고 몸을 닦는 데 크게 해로움이 있는지라, 그러므로 이 글을 써서 옆에 두고 스스로 경계하여라.

武王이 問太公曰 人居世上에 何得貴賤貧富不等고 願聞說之하여 欲知是矣로이다. 太公이 曰 富貴는

如聖人之德하여 皆由天命이어니와 富者는
여 성 인 지 덕   개 유 천 명   부 자
用之有節하고 不富者는 家有十盜니이다.
용 지 유 절   불 부 자   가 유 십 도

貴(귀할 귀) 賤(천할 천) 貧(가난할 빈) 等(가지런할 등) 願(원할 원) 聖(성인 성) 皆(다 개)
命(명할 명) 節(마디 절) 盜(훔칠 도)

풀이 주(周) 무왕(武王)이 태공(太公)에게 물었다.
"사람이 세상을 사는 데 어찌해서 귀하고 천하고 가난하고 부자로 사는 차이가 생기는지, 이에 대한 설명을 듣고자 합니다."
태공이 대답하였다.
"부귀라는 것은 성인의 덕(德)과 같아서 모두가 하늘이 준 운명에 의한 것이긴 하지만, 부자로 사는 사람은 쓰는 것을 절도 있게 쓰고, 가난하게 사는 사람은 그 집에 열 가지 도둑이 있기 때문입니다."

참고 무왕(武王) : 주(周) 문왕(文王)의 아들로 이름은 발(發)임. 부왕(父王)의 유업(遺業)을 계승하여 은(殷)나라의 폭군(暴君) 주왕(紂王)을 멸하고 중국을 통일하여 주왕조(周王朝)를 세웠음. 강태공(姜太公) 여상을 왕사(王師)로 받들었음. 후에 태공은 제(齊)에 봉함을 받아 시조가 되었음.

武王이 曰 何謂十盜이오 太公이 曰
무 왕   왈 하 위 십 도   태 공   왈
時熟不收爲一盜요 收積不了
시 숙 불 수 위 일 도   수 적 불 료

입교편(立敎篇) | **139**

爲二盜요 無事燃燈寢睡 爲三盜요
위 이 도 무 사 연 등 침 수 위 삼 도

慵懶不耕이 爲四盜요 不施功力이
용 라 불 경 위 사 도 불 시 공 력

爲五盜요 專行巧害 爲六盜요
위 오 도 전 행 교 해 위 육 도

養女太多 爲七盜요 晝眠懶起
양 녀 태 다 위 칠 도 주 면 라 기

爲八盜요 貪酒嗜慾이 爲九盜요
위 팔 도 탐 주 기 욕 위 구 도

强行嫉妒 爲十盜니이다.
강 행 질 투 위 십 도

熟(익을 숙) 了(마칠 료) 燃(사를 연) 燈(등잔 등) 睡(잘 수) 慵(게으를 용) 懶(게으를 라)
嗜(즐길 기) 嫉(시기할 질) 妒(강새암할 투)

> 풀이 무왕(武王)이 물었다.
> "무엇이 열 가지 도둑입니까?"
> 태공이 대답하였다.
> "곡식이 익은 것을 제때에 거두어들이지 않는 것이 첫째의 도둑이요, 다음으로는 거두기를 시작했더라도 이것을 창고에 들여다가 쌓는 것을 마치지 않는 것이 둘째의 도둑이요, 아무 일도 없이 등불을 켜놓고 잠자는 것이 셋째의 도둑이요, 게을러서 밭갈이를 하지 않고 놀기만 하는 것이 넷째의 도둑이요, 공들여 일하지 않고 남에게 베풀지 않는 것이 다섯째의 도둑이요, 오로지 교활하고 남

에게 해로운 일만 골라서 행하는 것이 여섯째의 도둑이요, 딸을 너무 많이 낳는 것이 일곱째의 도둑이요, 낮잠이나 자고 게을러서 아침 늦게 일어나는 것이 여덟째의 도둑이요, 술을 몹시 탐내고 욕심을 부리는 것이 아홉째의 도둑이요, 지나치게 남을 시기하고 질투하는 것이 열 번째의 도둑입니다."

武王이 曰 家無十盜而不富者는
무 왕 왈 가 무 십 도 이 불 부 자

何如이오. 太公曰 人家에 必有三耗니이다.
하 여　　　태 공 왈 인 가　　필 유 삼 모

武王曰 何名三耗이오. 太公曰
무 왕 왈 하 명 삼 모　　　태 공 왈

倉庫漏濫不蓋하여 鼠雀亂食
창 고 누 람 불 개　　　서 작 난 식

이 爲一耗요 收種失時 爲二耗요
　 위 일 모　 수 종 실 시 위 이 모

抛撒米穀穢賤이 爲三耗니이다.
포 살 미 곡 예 천　 위 삼 모

耗(줄(손실) 모) 漏(샐 루) 濫(퍼질 람) 蓋(덮을 개) 鼠(쥐 서) 雀(참새 작) 亂(어지러울 난)
抛(던질 포) 撒(뿌릴 살) 穀(곡식 곡) 穢(더러울 예)

풀이 무왕(武王)이 또 물었다.
"집에 열 도둑이 없는데도 부유하지 못한 것은 왜 그렇습니까?"
태공이 대답하였다.

"그런 사람의 집에는 반드시 재물을 손실하는 세 가지(삼모)가 있을 것입니다."
무왕이 다시 물었다.
"세 가지 손실하는 삼모란 무엇입니까?"
태공이 대답하였다.
"창고가 뚫려 있는데도 지붕을 덮지 않아서 쥐나 새들이 마냥 까먹도록 내버려두는 것이 첫 번째의 손실인 것이요, 밭에 씨를 제때에 뿌리지 않았거나 제때에 거두어들이지 못하는 것이 두 번째의 소모인 것이요, 곡식을 땅에 흩뜨려 더럽고 천하게 다루는 것이 세 번째의 소모입니다."

武王이 曰 家無三耗而不富者는
무 왕   왈 가 무 삼 모 이 불 부 자

何如이오. 太公曰 人家에 必有一錯
하 여   태 공 왈 인 가   필 유 일 착

二誤 三癡 四失 五逆 六不祥
이 오 삼 치 사 실 오 역 육 불 상

七奴 八賤 九愚 十强하여
칠 노 팔 천 구 우 십 강

自招其禍요 非天降殃이니이다.
자 초 기 화   비 천 강 앙

錯(그르칠(잘못) 착) 誤(그릇할 오) 癡(어리석을 치) 逆(거스를 역) 祥(상서로울 상) 奴(종 노) 賤(천할 천) 愚(어리석을 우) 招(부를 초) 殃(재앙 앙)

풀이 무왕(武王)이 물었다.

"집안에 삼모도 없는데도 부자가 못 되는 것은 왜 그렇습니까?"
태공이 대답하였다.

"그런 사람의 집에는 반드시 열 가지 나쁜 것이 있어서 그러한 것이오니, 그것은 첫째 일을 잘못한 것이고, 둘째 일을 그르친 것이고, 셋째 바보스러운 것이고, 넷째 매사에 실수하는 것이고, 다섯째 인륜을 거역하는 것이고, 여섯째 상서롭지 못한 일이며, 일곱째 종(奴)의 행세를 하는 것이며, 여덟째 천한 일을 하는 것이고, 아홉째 어리석은 것이고, 열째 지나치게 강해서 스스로 그 화를 부르는 것이요, 하늘이 재앙을 주는 것은 아닙니다."

武王이 曰 願悉聞之하노이다. 太公이 曰
무 왕 왈 원 실 문 지   태 공 왈

養男不敎訓이 爲一錯이요 嬰孩不訓이
양 남 불 교 훈   위 일 착   영 해 불 훈

爲二誤요 初迎新婦不行嚴訓이
위 이 오   초 영 신 부 불 행 엄 훈

爲三癡요 未語先笑 爲四失이요
위 삼 치   미 어 선 소 위 사 실

不養父母 爲五逆이요 夜起赤身이
불 양 부 모 위 오 역   야 기 적 신

爲六不祥이요 好挽他弓이 爲七奴요
위 육 불 상   호 만 타 궁   위 칠 노

입교편(立敎篇) | **143**

愛騎他馬 爲八賤이요
애 기 타 마 위 팔 천

喫他酒勸他人이 爲九愚요
끽 타 주 권 타 인 위 구 우

喫他飯命朋友 爲十強이니다.
끽 타 반 명 붕 우 위 십 강

武王이 曰 甚美誠哉라 是言也여.
무 왕 왈 심 미 성 재 시 언 야

悉(다 실) 訓(가르칠 훈) 嬰(갓난아이 영) 孩(어린아이 해) 嚴(엄할 엄) 赤(붉을 적) 挽(당길 만)
喫(마실 끽) 勸(권할 권) 誠(정성 성)

풀이 무왕(武王)이 말하였다.

"그 내용을 자세히 듣기를 원합니다."

태공이 말하였다.

"아들을 낳아 기르기만 하고 가르치지 않는 것이 첫 번째의 잘못이요, 어린 아이 때부터 교훈시키지 않는 것이 두 번째로 일을 그르친 것이요, 처음 아내를 맞이하여 엄하게 가르치지 않는 것이 세 번째의 어리석은 것이요, 남이 말하기 전에 먼저 웃는 것이 네 번째의 실수요, 제 부모를 공양하지 않는 것이 다섯 번째의 인륜을 거스르는 일이요, 밤중에 알몸으로 밖에 나가는 것이 여섯 번째 상서롭지 못한 것이요, 남의 활을 빌려서 당기기를 좋아하는 것이 일곱 번째 종의 행세를 하는 것이요, 남의 말을 빌려 타기를 좋아하는 것이 여덟 번째 천한 일이요, 남의 술을 얻어먹으면서 그 술을 다른 사람에게 권하는 것이 아홉 번째의 어리석은 것이요, 남의 밥을 먹고 지내면서 친구에게 주는 것이 열 번째의 뻔뻔스러움인 것입니다."

이를 듣고 무왕(武王)이 말하였다.

"참으로 훌륭하고 진실된 옳은 말이오!"

> 참고 은(殷)나라 말기 주왕(紂王)은 폭정이 심하여 백성이 살 수 없을 정도였다. 강태공(姜太公)은 위수(渭水)에서 낚시를 하며 좋은 세상을 기다리고 있었다. 그러다가 문왕(文王)이라는 현군을 만나 선정을 베풀었다. 문왕의 아들 무왕(武王)은 태공을 스승으로 모셔 선정을 베풀고 민심을 얻어 주(周)나라를 세워 천자가 되었다.

치정편(治政篇)
공직사회에 대한 가르침

明道先生이 曰 一命之士가
명도선생 왈 일명지사

苟有存心於愛物이면
구유존심어애물

於人에 必有所濟니라.
어인 필유소제

命(명령 명) 士(선비 사) 苟(진실로 구) 存(있을 존) 濟(건널 제)

풀이 명도 선생이 말하였다.

처음으로 벼슬한 선비가 진실로 직책(맡은 일)을 소중히 여기는 마음을 지닌다면 다른 이에게 반드시 구제하는 바가 있을 것이니라.

참고 **명도 선생(明道先生)**: 정호(程顥), 호는 명도(明道). 북송(北宋)의 대유학자(大儒學者)로 주돈이(周敦頤)의 문인(門人)이며 성리학(性理學)을 크게 발전시켰음. 우주(宇宙)의 본성과 사람의 성이 본래 동일한 것이라고 하였다. 도학(道學)에 밝다하여 사람들로부터 명도 선생(明道先生)으로 일컬었으며, 또 그의 아우 정이(程頤)와 함께 이정자(二程子)로 불렸다.

唐太宗御製에 云 上有麾之하고
당태종어제 운 상유휘지

中有乘之하고 下有附之하여 幣帛衣之요
중유승지 하유부지 폐백의지

倉廩食之하니 爾俸爾祿이 民膏民脂니라
창름식지 이봉이록 민고민지

下民은 易虐이어니와 上蒼은 難欺니라.
하민 이학 상창 난기

麾(대장기 휘) 幣(비단 폐) 廩(곳집 름) 俸(녹 봉) 祿(복 록) 膏(살찔 고) 脂(기름 지) 虐(사나울 학)
蒼(푸를 창) 欺(속일 기)

풀이 당(唐)나라 태종(太宗)의 「어제(御製)」에서 말하였다.
위에는 지시하는 임금이 있고, 중간에는 그 지시를 받아 다스리는 관리가 있고, 그 아래에는 이에 따르는 백성이 있다. 보수로 받은 비단으로 옷을 만들어 입고, 창고에 쌓인 곡식으로 밥을 해 먹으니, 너희들이 받는 봉록이 모두 백성들에게서 짜낸 기름이니라. 관리들은 아래에 있는 백성들을 학대하기는 쉽지만 위에 있는 하늘은 속이기 어려우니라.

참고 당태종(唐太宗) : 당(唐)나라 제2대 임금으로 아버지 이연(李淵)을 도와서 수나라를 멸하고 당나라를 세웠음.

童蒙訓에 曰 當官之法이
동몽훈 왈 당관지법

치정편(治政篇) | **147**

唯有三事하니 曰淸曰愼曰勤이라
유 유 삼 사   왈 청 왈 신 왈 근

知此三者면 知所以持身矣니라.
지 차 삼 자   지 소 이 지 신 의

蒙(어릴 몽) 訓(가르칠 훈) 法(법 법) 唯(오직 유) 愼(삼갈 신) 勤(부지런할 근) 持(가질 지)

풀이 「동몽훈」에서 말하였다.
벼슬아치(관직을 맡은 사람)로서 마땅히 지켜야 할 법이 오직 세 가지가 있으니, 청렴한 마음과 신중함, 근면함이다. 이 세 가지를 알면 처신할 바를 알 것이니라.

참고 동몽훈(童蒙訓) : 송(宋)나라 때 여본중(呂本中)이 어린 아이들을 가르치기 위해 지은 책임.

當官者는 必以暴怒爲戒하여
당 관 자   필 이 폭 노 위 계

事有不可어든 當詳處之면
사 유 불 가   당 상 처 지

必無不中이어니와 若先暴怒면
필 무 부 중   약 선 폭 노

只能自害라 豈能害人이리오.
지 능 자 해   기 능 해 인

暴(사나울 폭) 怒(성낼 노) 詳(자세할 상) 處(처리할 처) 豈(어찌 기)

풀이 벼슬아치는 반드시 지나치게 성내는 것을 경계하여, 옳지 않은 일이 있어서 마땅히 자상하게 처리하면, 반드시 맞지 않음이 없을 것이며 만약 먼저 화를 내면 오직 자신을 해롭게 할 뿐이라, 그러므로 어찌 다른 사람을 해롭게 할 수 있으리오.

事君을 如事親하고 事官長을 如事兄하고
사군 여사친   사관장   여사형

如同僚를 如家人하고 待群吏를
여동료   여가인   대군리

如奴僕하고 愛百姓을 如妻子하고
여노복   애백성   여처자

處官事를 如家事然後에야
처관사 여가사연후

能盡吾之心이니 如有毫末不至면
능진오지심   여유호말부지

皆吾心에 有所未盡也니라.
개오심 유소미진야

僚(동료 료) 群(무리 군) 僕(종 복) 盡(다할 진) 毫(가는털 호)

풀이 임금 받들어 모시기를 어버이 섬기듯이 하고, 웃사람(높은 벼슬아치) 섬기기를 형님 모시듯이 하고, 동료들과 사귀기를 가족끼리 지내듯이 하고, 낮은 벼슬아치 대하기를 자기 집 종과 같이 하고, 백성 사랑하기를 처자(妻子)를 사랑하듯 하고, 나랏일 처리하기를 자기 집 일 처리하듯 한 뒤에야 능히 내 마음을 다한 것이니, 만일 털끝만큼이라도 다하지 못함이 있으면 이것은 모두가 내 마음에 다하지 못한 바가 있는 것이니라.

或이 問 簿는 佐令者也니
혹 문 부 좌령자야

簿所欲爲를 令或不從이면 奈何이오
부소욕위 영혹부종 내하

伊川先生이 曰 當以誠意動之니라
이천선생 왈 당이성의동지

今令與簿不和는 便是爭私意요
금령여부불화 변시쟁사의

令은 是邑之長이니
영 시읍지장

若能以事父兄之道로 事之하여
약능이사부형지도 사지

過則歸己하고 善則唯恐不歸於令하여
과즉귀기 선즉유공불귀어령

積此誠意면 豈有不動得人이리오.
적차성의 기유부동득인

簿(장부(주부) 부) 佐(도울 좌) 奈(어찌 내) 積(쌓을 적) 誠(정성 성)

풀이 어떤 사람이 물었다.

"부(簿 ; 주부)는 수령(현령)을 보좌하는 사람이니, 주부가 하고자 하는 바를 수령이 혹시 따르지 않는다면 어떻게 합니까?"

이천 선생(伊川先生)이 대답하였다.

"그것은 마땅히 정성된 마음으로써 움직여야 할 것이니라. 지금이 수령과 주부가 화목하지 않은 것은 곧 사사로운 생각으로 다투는 것이다. 수령은 고을의 장관이니, 만일 아버지와 형을 섬기는 도리로 섬겨서 잘못이 있으면 자기에게로 돌리고, 잘한 일이 있다면 수령에게로 돌아가지 않을 것을 염려하여, 걱정을 하는 그런 정성스런 마음을 쌓는다면, 어찌 사람을 감동시켜 움직이지 못하겠는가?"

참고 **이천 선생(伊川先生)**: 이름은 정이(程頤)로 명도선생 정호(程顥)의 아우이며 북송(北宋)의 대유학자임. 성리학(性理學)을 일으키는 데 공이 컸다. **부(簿)**: 주부(主簿)로 관청의 장(長)을 보좌하는 직위(職位).

劉安禮問 臨民한대 明道先生이 曰
유 안 례 문 임 민   명 도 선 생   왈
使民으로 各得輸其情이니라 問御吏한대
사 민   각 득 수 기 정   문 어 리
曰正己以格物이니라.
왈 정 기 이 격 물

臨(임할 림) 輸(나를 수) 情(뜻 정) 御(어거할 어) 格(이를 격) 物(사물 물)

풀이 유안례가 백성을 대하는 도리를 묻자, 명도 선생이 말하였다.
"백성으로 하여금 각각의 뜻을 모두 다 말할 수 있게 할지니라."
또 벼슬아치를 다스리는 도리를 묻자,
"자신을 바르게 함으로써 남도 바르게 할지니라." 하였다.

참고 **유안례(劉安禮)**: 자는 원소(元素)로 북송(北宋) 때 사람임.

抱朴子에 曰 迎斧鉞而正諫하며
포 박 자 왈 영 부 월 이 정 간
據鼎鑊而盡言이면 此謂忠臣也니라.
거 정 확 이 진 언 차 위 충 신 야

斧(도끼 부) 鉞(도끼 월) 鼎(솥 정) 鑊(가마 확)

풀이 「포박자(抱朴子)」에서 말하였다.
도끼로 맞는 형벌을 당하여 죽는 한이 있더라도 바르게 아뢰고, 기름 가마솥에 넣어서 삶아 죽는 한이 있더라도 옳은 말을 다한다면 이는 충신이라 할 것이니라.

참고 **포박자(抱朴子)**: 진(晉)나라 사람으로 갈홍(葛洪)의 호(號)다. 신선술(神仙術)을 닦았으며 정치에도 참여했음. 저서(著書)도 그의 호를 따서 「포박자(抱朴子)」라 하였다. 내외(內外) 두 편으로 내편에서는 신선술을 논하고, 외편에서는 시정(時政)의 득실(得失)과 인사(人事)의 좋고 나쁨을 논하였음.

치가편(治家篇)
집안 다스리기와 가정 윤리

司馬溫公이 **曰 凡諸卑幼**는
사마온공   왈 범제비유

事無大小이 **毋得專行**하고
사무대소   무득전행

必咨稟於家長이니라.
필자품어가장

卑(낮을 비) 毋(말 무) 專(오로지 전) 咨(물을 자) 稟(줄 품)

> 풀이 사마온공이 말하였다.
> 모든 손아랫사람들은 일의 크고 작음을 가릴 것 없이 제 마음대로 행동하지 말고 반드시 집안 웃어른께 여쭈어 보고 해야 하느니라.

待客에 **不得不豊**이요
대객   부득불풍

治家엔 **不得不儉**이니라.
치가　　부득불검

> 풀이 손님을 대접함에는 풍족하게 하고, 집안 살림살이는 검소하게 하지 않을 수 없느니라.

太公이 **曰 癡人**은 **畏婦**하고
태공　　왈　치인　　외부
賢女는 **敬夫**니라.
현녀　　경부

癡(어리석을 치) 畏(두려워할 외) 賢(어질 현) 敬(공경할 경)

> 풀이 태공이 말하였다.
> 어리석은 사내는 아내를 두려워하고, 어진 아내는 그의 남편을 공경하느니라.

凡使奴僕에 **先念飢寒**이니라.
범사노복　　선념기한

凡(무릇 범) 奴(종 노) 僕(종 복) 飢(주릴 기)

> 풀이 무릇 모든 하인을 부리는 데는 먼저 그들의 춥고 배고픔을 염려할지니라.

子孝면 雙親樂이오 家和면 萬事成이니라.
자 효   쌍 친 락   가 화   만 사 성

孝(효도 효) 雙(쌍 쌍) 親(친할 친)

풀이 자식이 효도하면 어버이는 즐거울 것이고, 집안이 화목하면 온갖 일이 뜻대로 되느니라.

時時防火發하고 夜夜備賊來니라.
시 시 방 화 발   야 야 비 적 래

防(막을 방) 發(발생할 발) 備(갖출 비) 賊(도둑 적)

풀이 항상 불이 나는 것을 예방하고 밤마다 도둑이 드는 것을 방비할지니라.

景行錄에 云 觀朝夕之早晏하여
경 행 록   운 관 조 석 지 조 안

可以卜人家之興替니라.
가 이 복 인 가 지 흥 체

觀(볼 관) 晏(늦을 안) 卜(점 복) 興(일 흥) 替(쇠퇴할 체)

풀이 「경행록」에서 말하였다.
아침과 저녁의 이르고 늦음을 보아 가히 그 사람의 집이 흥하는지 망하는지를 점칠 수 있느니라.

치가편(治家篇) | 155

文仲子이 曰 婚娶而論財는 夷虜之道也니라.
문중자 왈 혼취이론재 이로지도야

婚(혼인할 혼) 娶(장가들 취) 夷(오랑캐 이) 虜(오랑캐(사로잡을) 로)

풀이 문중자가 말하였다.
결혼함에 있어서 재물을 따지는 것은 오랑캐의 풍속이니라.

참고 **문중자(文仲子)** : 이름은 왕도(王道). 수(隋)나라 때 학자. 이세민(李世民)을 도와 당(唐)나라를 일으켰는데 어진 재상으로 이름 높은 방현령(房玄齡), 두여회(杜如晦), 위징(魏徵) 등이 다 그의 문인(門人)들이다. 문중자(文仲子)란 그가 죽은 후 문인들이 부른 호임.

안의편(安義篇)
가정·삼친(三親)의 인애(仁愛)

顏氏家訓에 曰 夫有人民而後에
안 씨 가 훈   왈 부 유 인 민 이 후

有夫婦하고 有夫婦而後에 有父子하고
유 부 부   유 부 부 이 후   유 부 자

有父子而後에 有兄弟하니 一家之親은
유 부 자 이 후   유 형 제   일 가 지 친

此三者而已矣라. 自玆以往으로
차 삼 자 이 이 의   자 자 이 왕

至于九族이 皆本於三親焉이라
지 우 구 족   개 본 어 삼 친 언

故로 於人倫에 爲重也니 不可不篤이니라.
고   어 인 륜   위 중 야   불 가 부 독

自(~로부터 자) 玆(이 자) 族(겨레 족) 倫(인륜 륜) 篤(도타울 독)

> 「안씨가훈」에서 말하였다.

사람(백성)이 있은 후에야 부부가 있고, 부부가 있은 후에야 부자가 있고, 부자가 있은 후에야 형제가 있는 법이니, 한 집안의 친함은 이 세 가지뿐이다. 여기에서부터 나아가 구족(九族)에 이르기까지는 모두가 다 이 삼친(三親, 부부, 부자, 형제)에 근본을 두고 있으므로 이것을 인륜(人倫)에 있어서 가장 중요하게 여기고 돈독하게 할지니라.

> 참고 **안씨가훈(顔氏家訓)**: 북제(北齊) 안지추(顔之推)가 지었음. **구족(九族)**: 고조(高祖)부터 증조·조부·부(父)·자기·아들·손자·증손(曾孫)·현손(玄孫)까지의 직계친(直系親)을 중심으로 하여, 형제·종형제(從兄弟)·재종형제(再從兄弟)·삼종형제(三從兄弟)를 포함하는 동종친족(同宗親族)을 일컬음.

莊子曰 兄弟는 爲手足하고 夫婦는
장 자 왈 형제   위 수 족   부 부

爲衣服이니 衣服破時엔 更得新이어니와
위 의 복   의 복 파 시   갱 득 신

手足斷處엔 難可續이니라.
수 족 단 처   난 가 속

破(깨질 파) 更(다시 갱, 바꿀 경) 斷(끊을 단) 處(장소 처) 續(이을 속)

> 풀이 장자가 말하였다.
> 형제는 수족(手足; 손발)과 같다고 할 수 있고 부부는 의복과 같다고 할 수 있으니, 의복이 떨어졌을 때에는 다시 새것으로 갈아입을 수 있으나 손발이 잘리면 다시 잇기가 어려우니라.

蘇東坡云 富不親兮貧不疎는
소 동 파 운 부 불 친 혜 빈 불 소

此是人間大丈夫요
차 시 인 간 대 장 부

富則進兮貧則退는
부 즉 진 혜 빈 즉 퇴

此是人間眞小輩니라.
차 시 인 간 진 소 배

兮(어조사 혜) 貧(가난할 빈) 眞(참 진) 輩(무리 배)

풀이 소동파가 말하였다.

부유하다고 하여도 친하지 않고, 가난하다고 하여 멀리하지 않는 것은 대장부다운 일이요, 부유하다고 해서 찾아가고, 가난하다고 하여 돌보지 않는 것은 참으로 졸장부의 짓이니라.

안의편(安義篇) | 159

준례편(遵禮篇)
하늘의 도리를 따르고 실천한다

子曰 居家有禮故로 長幼辨하고
자왈 거가유례고 장유변

閨門有禮故로 三族和하고
규문유례고 삼족화

朝廷有禮故로 官爵序하고
조정유례고 관작서

田獵有禮故로 戎事閑하고
전렵유례고 융사한

軍旅有禮故로 武功成이니라.
군려유례고 무공성

遵(좇을 준) 辨(분별할 변) 閨(안방 규) 爵(벼슬 작) 獵(사냥 렵) 戎(병기 융) 旅(군대 려)

풀이 공자가 말씀하셨다.

집안에 거처함에 예의가 있으므로 어른과 아이의 구별이 있고, 안방에 예의가 있으므로 삼족(三族)이 화목하고, 조정에 예의가 있으므로 관작의 차례가 있고, 사냥에 예의가 있으므로 군사 훈련이 숙달되고, 군대에 예의가 있으므로 무공이 이루어지느니라.

子曰 君子有勇 而無禮면 爲亂하고
자왈 군자유용 이무례 위란
小人有勇而無禮면 爲盜니라.
소인유용이무례 위도

勇(날쌜 용) 爲(할 위) 亂(어지러울 란) 盜(훔칠 도)

풀이 공자가 말씀하셨다.
군자에게 용맹만 있고 예의가 없으면 세상을 어지럽게 하고, 소인이 용맹만 있고 예의가 없으면 도적질을 하느니라.

참고 군자(君子) : 학문과 인덕(仁德)을 겸비한 선비.
소인(小人) : 자기 한 몸만 잘 살려는 이기적인 사람.

曾子曰 朝廷엔 莫如爵이요 鄕黨엔
증자왈 조정 막여작 향당
莫如齒요 輔世長民엔 莫如德이니라.
막여치 보세장민 막여덕

廷(조정 정) 鄕(시골 향) 黨(무리 당) 齒(연치 치) 輔(도울 보)

풀이 증자가 말하였다.
조정(벼슬)에는 벼슬보다 더 좋은 것이 없고, 향리(마을)에는 나이가 많은 사람보다 더 나은 것이 없으며 나랏일을 잘하고 백성을 잘 다스리는 데는 덕(德)만한 것이 없느니라.

참고 **증자(曾子)** : 증삼(曾參)을 높여 부르는 말. 공자의 제자로 효도를 역설하였음. 안자(顔子, 顔回)와 자사(子思) 및 맹자와 더불어 사성(四聖)으로 불림.

老少長幼는 **天分秩序**이니
노 소 장 유   천 분 질 서

不可悖理 而傷道也니라.
불 가 패 리 이 상 도 야

秩(차례 질) 序(차례 서) 悖(어그러질 패) 傷(상할 상)

풀이 노인과 젊은이, 어른과 아이는 하늘이 정한 질서이므로 사물의 올바른 이치를 어기고 도덕을 상하게 해서는 안 되느니라.

出門에 **如見大賓**하고
출 문   여 견 대 빈

入室에 **如有人**이니라.
입 실   여 유 인

如(같을 여) 賓(손 빈) 室(집 실)

풀이 문 밖에 나섰을 때에는 큰 손님을 뵙는 듯이 신중하게 하고, 방안에 들어설 때에는 다른 사람이 있는 것처럼 조심해야 하느니라.

若要人重我면 無過我重人이니라.
약 요 인 중 아   무 과 아 중 인

若(만약 약) 要(구할 요) 重(무거울 중) 我(나 아)

풀이 만일 남이 나를 소중히 여기기를 바란다면, 내가 먼저 남을 소중히 여겨야 하느니라.

父不言子之德하며 子不談父之過니라.
부 불 언 자 지 덕   자 부 담 부 지 과

過(지날 과) 德(덕 덕) 談(말할 담) 過(허물 과)

풀이 아버지는 그 아들의 덕(德)을 말하지 말며, 그 아들은 그 아버지의 허물을 말하지 말지니라.

언어편(言語篇)
말을 신중히 하라는 가르침

劉會가 曰 言不中理면 不如不言이니라.
유회 왈 언부중리 불여불언

中(맞을 중) 理(이치 리)

풀이 유회가 말하였다.
말이 이치에 맞지 않으면 말하지 않음만 못하니라.

一言不中이면 千語無用이니라.
일언부중 천어무용

言(말(언어) 언) 語(말씀(말) 이야기 어)

풀이 한마디 말(단어)이 이치에 맞지 않으면, 천 마디의 긴 말이라도 쓸 데가 없느니라.

君平이 曰 口舌者는 禍患之門이요
군평 왈 구설자 화환지문

滅身之斧也니라.
멸 신 지 부 야

舌(혀 설) 禍(재화 화) 患(근심 환) 滅(멸망할 멸) 斧(도끼 부)

풀이 군평이 말하였다.
입과 혀는 재화와 근심을 불러들이는 문이요, 자신의 몸을 망치게 하는 도끼이니라.

참고 군평(君平) : 엄군평(嚴君平). 전한(前漢) 무제(武帝) 때 사람임.

利人之言은 煖如綿絮하고 傷人之語는 利如荊棘하여 一言利人에 重値千金이요 一語傷人에 痛如刀割이니라.
이 인 지 언   난 여 면 서   상 인 지 어
이 여 형 극   일 언 이 인   중 치 천 금
일 어 상 인   통 여 도 할

煖(따뜻할 난) 綿(솜 면) 絮(솜 서) 傷(다칠(상처) 상) 利(날카로울(이로울) 리) 荊(가시나무 형) 棘(가시 극) 値(값 치) 痛(아플 통) 割(벨 할)

풀이 사람을 이롭게 하는 말은 그 따뜻함이 솜털과 같고, 사람을 해롭게 하는 말은 그 날카롭기가 가시와 같아서 한마디 말이 사람을 이롭게 할 때에 중하기가 천금의 값어치요, 한마디 말이 사람을 해롭게 할 때에 아프기가 칼로 베는 것과 같으니라.

참고 일언이인(一言利人)이 일언반구(一言半句)로 되어 있는 것도 있다.

口是傷人斧요 言是割舌刀니
구 시 상 인 부   언 시 할 설 도
閉口深藏舌이면 安身處處牢니라.
폐 구 심 장 설   안 신 처 처 뢰

傷(상처 상) 斧(도끼 부) 藏(감출 장) 牢(우리(견고할) 뢰)

풀이 입은 사람을 다치게 하는 도끼요,
말은 혀를 베는 칼과 같으므로
입을 다물고 혀를 깊이 감추어 두면
몸이 편안하고 어디서나 견고하느니라.

逢人에 且說三分話하고
봉 인   차 설 삼 분 화
未可全抛一片心이니
미 가 전 포 일 편 심
不怕虎生三個口요
불 파 호 생 삼 개 구
只恐人情兩樣心이니라.
지 공 인 정 양 양 심

逢(만날 봉) 抛(던질 포) 怕(두려워할 파) 虎(호랑이 호) 個(낱 개) 只(다만 지) 恐(두려워할 공) 樣(모양 양)

풀이 사람을 만나거든 공손하게 말하되 우선 삼분(三分; 30%)의 말만 하고, 한마디라도 마음속에 있는 것을 다 말하지 말라. 호랑이가 세 번 입을 벌리는 것을 두려워 말고, 다만 세상 사람의 두 마음을 두려워하라.

酒逢知己千鍾少요
주 봉 지 기 천 종 소

話不投機一句多니라.
화 불 투 기 일 구 다

酒(술 주) 逢(만날 봉) 鍾(술잔 종) 投(합칠 투) 機(틀(기회) 기)

풀이 술은 나를 알아주는(뜻이 맞는) 친구를 만나 마시면 천 잔을 마셔도 부족하지만, 말은 그 뜻이 맞지 않으면 한마디도 많으니라.

교우편 (交友篇)
벗을 사귐에 대한 가르침

子曰 與善人居면 如入芝蘭之室하여
자왈 여선인거 여입지란지실

久而不聞其香이나 卽與之化矣요
구이불문기향 즉여지화의

與不善人居면 如入鮑魚之肆하여
여불선인거 여입포어지사

久而不聞其臭나 亦與之化矣니
구이불문기취 역여지화의

丹之所藏者는 赤하고 漆之所藏者는
단지소장자 적 칠지소장자

黑이라 是以로 君子는
흑 시이 군자

必愼其所與處者焉이니라.
필신기소여처자언

與(함께 여) 居(살 거) 芝(지초 지) 蘭(난초 란) 久(오랠 구) 鮑(어물 포) 肆(가게 사) 臭(냄새 취)
丹(붉을 단) 藏(간직할 장) 黑(검을 흑) 愼(삼갈(신중할) 신)

풀이 공자가 말씀하셨다.

선한 사람과 함께 있으면 마치 향기로운 지초나 난초가 있는 방에 있는 것과 같아서, 오래되면 그 향기와 더불어 하나가 되고, 선하지 않은 사람과 함께 있으면 마치 비린내 나는 생선 가게에 들어간 것 같아서, 오래되면 그 냄새와 더불어 동화되나니, 붉은 것을 지니고 있는 사람은 붉어지고, 검은 옻을 지니고 있는 사람은 검어지느니라. 그러므로 군자는 반드시 자신과 함께 있는 사람을 신중히 가려야 하느니라.

家語에 云 與好學人同行이면
가어   운 여호학인동행

如霧露中行하여 雖不濕衣라도
여무로중행   수불습의

時時有潤하고 與無識人同行이면
시시유윤   여무식인동행

如厠中坐하여 雖不汚衣라도
여측중좌   수불오의

時時聞臭니라.
시시문취

霧(안개 무) 露(이슬 로) 濕(젖을 습) 潤(젖을/윤택할 윤) 識(알 식) 厠(뒷간 측) 汚(더러울 오) 臭(냄새 취)

풀이 「공자가어」에서 말하였다.

학문을 좋아하는 사람과 같이 가면, 마치 안개 속을 가는 것과 같아서 비록 옷은 젖지 않더라도 점차 윤택함이 배어들고, 무식한 사람과 함께 가면 마치 뒷간에 앉아 있는 것 같아서 비록 옷은 더럽히지 않더라도 그 냄새가 풍겨지느니라.

子曰 晏平仲은 善與人交로다
자왈 안평중 선여인교

久而敬之온여.
구 이 경 지

交(사귈 교) 敬(공경할 경)

풀이 공자가 말씀하셨다.
안평중은 사람들과 사귀기를 훌륭히 잘하도다. 한 번 사귀면 오래도록 상대를 공경하는구나.

참고 **안평중(晏平仲)**: 이름은 영(嬰)으로 춘추시대 제나라의 재상. 경공(景公)을 도와 제나라를 번영시켰음. 평중(平仲)은 그의 자(字)임.

相識이 滿天下하되 知心이 能幾人가.
상 식 만 천 하 지 심 능 기 인

相(서로 상) 識(알 식) 滿(찰 만) 能(능히 능) 幾(얼마 기)

풀이 얼굴을 서로 아는 사람은 천하에 가득하되, 마음속을 서로 아는 사람은 과연 몇 사람이나 되는가?

酒食兄弟는 千個有로되
주 식 형 제   천 개 유

急難之朋은 一個無니라.
급 난 지 붕   일 개 무

酒(술 주) 食(밥 식) 急(급할 급) 難(어려울 난) 朋(벗 붕)

> 풀이 술과 음식을 함께 먹을 형제간 같은 친구는 천 명이로되, 매우 위급하고 어려운 때의 친구는 한 사람도 없느니라.

不結子花는 休要種이오
불 결 자 화   휴 요 종

無義之朋은 不可交니라.
무 의 지 붕   불 가 교

結(맺을 결) 子(열매(씨) 자) 種(심을 종) 義(옳을 의)

> 풀이 열매를 맺지 않는 꽃은 심지 말고, 의리가 없는 친구는 사귀지 말지니라.

君子之交는 淡如水하고
군 자 지 교   담 여 수

小人之交는 甘若醴니라.
소 인 지 교   감 약 례

淡(담박할(담담할) 담) 如(같을 여) 甘(달 감) 醴(단술 례)

🔵풀이 군자의 사귐은 그 맑기가 물과도 같고, 소인의 사귐은 그 달콤하기가 단술과 같으니라.

路遙知馬力이요 日久見人心이니라.
노 요 지 마 력　　　일 구 견 인 심

路(길 로) 遙(멀 요) 久(오랠 구)

🔵풀이 길이 멀어야 말의 힘을 알게 될 것이요, 세월(시간)이 오래 지나야 사람의 마음을 보느니라.

부행편(婦行篇)
부녀자가 지켜야 할 덕행(德行)

益智書에 云 女有四德之譽하니
익지서 운 여유사덕지예
一曰婦德이요 二曰婦容이요
일왈부덕 이왈부용
三曰婦言이요 四曰婦工也니라.
삼왈부언 사왈부공야

益(더할 익) 德(큰(덕행) 덕) 譽(기릴(명예) 예) 婦(여자(며느리) 부) 容(얼굴 용) 工(일(장인) 공)

풀이 「익지서(益智書)」에서 말하였다.

여자에게는 훌륭한 네 가지 아름다운 덕(德)이 있으니, 첫째는 부덕, 즉 부인다운 덕행(德行)이요, 둘째는 부인다운 얌전한 용모요, 셋째는 부인다운 얌전한 말씨요, 넷째는 부인다운 좋은 솜씨이니라.

참고 **부덕(婦德)**: 부녀자의 아름다운 덕. **부용(婦容)**: 부녀자의 용모.
부언(婦言): 부녀자의 말씨. **부공(婦工)**: 부녀자의 솜씨.

婦德者는 不必才名絶異요
부덕자　불필재명절이

婦容者는 不必顔色美麗요
부용자　불필안색미려

婦言者는 不必辯口利詞요
부언자　불필변구이사

婦工者는 不必技巧過人也니라.
부공자　불필기교과인야

才(재주 재) 麗(고울 려) 辯(말잘할 변) 詞(말씀 사)

풀이 부인의 아름다운 덕[婦德]이라는 것은 반드시 재주와 이름이 뛰어남이 아니요, 부인의 용모는 반드시 얼굴이 아름답고 고운 것을 말하는 것이 아니요, 부인의 얌전한 말씨란 반드시 입담이 좋아 말을 잘하는 것이 아니요, 부인의 좋은 솜씨란 반드시 손재주가 남보다 뛰어남을 말하는 것이 아니니라.

其婦德者는 淸貞廉節하여 守分整齊하고
기부덕자　청정염절　　　수분정제

行止有恥하며 動靜有法이니
행지유치　　동정유법

此爲婦德也요 婦容者는 洗浣塵垢하여
차위부덕야　부용자　세완진구

衣服鮮潔하며 沐浴及時하여
의복선결　　목욕급시

一身無穢니 此爲婦容也요 婦言者는
일신무예　차위부용야　　부언자

擇詞而說하여 不談非禮하고 時然後言하여
택사이설　　　부담비례　　시연후언

人不厭其言이니 此爲婦言也요
인불염기언　　차위부언야

婦工者는 專勤紡績하고 勿好葷酒하며
부공자　전근방적　　　물호훈주

供具甘旨하여 以奉賓客이니
공구감지　　　이봉빈객

此爲婦工也니라
차위부공야

貞(곧을 정) 廉(청렴할 렴) 節(마디 절) 整(가지런할 정) 齊(가지런할 제) 恥(부끄러워할 치)
靜(고요할 정) 浣(빨 완) 塵(티끌 진) 垢(때 구) 潔(깨끗할 결) 穢(더러울 예) 擇(가릴 택)
詞(말씀 사) 談(말씀 담) 禮(예도 례) 厭(싫을 염) 專(오로지 전) 勤(부지런할 근) 紡(자을 방)
績(길쌈 적) 葷(훈채 훈) 旨(맛있을 지) 奉(받들 봉) 賓(손 빈)

풀이 부인으로서의 아름다운 덕[婦德]이라 함은, 마음이 청렴하고 절개가 곧고 분수를 지키고 몸가짐을 바르게 하며, 행동거지에 조심이 있고 행실에 법도 있어야 하는 것이니, 이것이 바로 부덕(婦德)이다. 부인으로서의 얌전한 용모(얼굴)라는 것은 먼지와 때를 닦고 빨아 의복을 깨끗이 하며 목욕을 제때에 해서 몸에 더러운 것이 없게 하는 것이니, 이것이 바로 부용(婦容)이다.

부인으로서의 얌전한 말씨라 하는 것은, 말을 가려 예의에 벗어나는 말은 하지 말고, 때가 된 뒤에야 말하여 사람들이 그 말을 싫어하지 아니함이니, 이것이 바로 부언(婦言)이다.

부인으로서의 좋은 솜씨라 함은, 오로지 길쌈을 부지런히 하고 술 빚기를 좋아하지 않으며, 맛있는 음식을 장만하여 손님을 잘 접대하는 것이니, 이것이 바로 부공(婦工)이다.

此四德者는 是婦人之所不可缺者라
차 사 덕 자   시 부 인 지 소 불 가 결 자

爲之甚易하고 務之在正하니
위 지 심 이   무 지 재 정

依此而行이면 是爲婦節이니라.
의 차 이 행   시 위 부 절

缺(빌 결) 甚(심할 심) 易(쉬울 이) 務(힘쓸 무) 依(의지할 의)

풀이 위에서 말한 이 네 가지 덕(德)은 부녀자로서 빠져서는 안 될 것인데, 이것을 행하기가 매우 쉽고 힘씀이 바른 데 있으니, 이에 의거하여 행동한다면 이것이 바로 부녀자가 해야 할 일이니라.

太公이 曰 婦人之禮는 語必細니라.
태 공   왈 부 인 지 례   어 필 세

語(말씀 어) 細(가늘(조용하다) 자세하다)

🔹 **풀이** 태공이 말하였다.
부인의 예절은 말할 때는 반드시 조용하고 자상해야 하느니라.

賢婦는 令夫貴하고 佞婦는 令夫賤이니라.
현부 영부귀 영부 영부천

셰(賢(어질 현) 貴(귀할 귀) 佞(아첨할 영(녕)) 賤(천할 천)

🔹 **풀이** 어진 부인은 남편을 귀하게 하고, 간악한 부인은 남편을 천하게 하느니라.

家有賢妻면 夫不遭橫禍니라.
가 유 현 처 부 부 조 횡 화

賢(어질 현) 妻(아내 처) 遭(만날 조) 橫(가로 횡) 禍(재화 화)

🔹 **풀이** 집안에 어진 아내가 있으면 그 남편은 뜻밖의 화를 당하지 않느니라.

賢婦는 和六親하고 佞婦는 破六親이니라.
현부 화육친 영부 파육친

和(화할 화) 親(친할 친) 佞(간악할(아첨할) 영) 破(깨뜨릴 파)

🔹 **풀이** 어진 부인은 육친을 화목하게 하고, 간악한 부인은 육친의 화목을 깨뜨리느니라.

🔸 **참고** **육친(六親)**: 부모(父母)·형제(兄弟)·처자(妻子) 등의 육친 관계. 또는 친척을 널리 지칭하는 말.

증보편(增補篇)

周易曰 善不積이면 不足以成名이요
주역왈 선부적 부족이성명

惡不積이면 不足以滅身이어늘
악부적 부족이멸신

小人은 以小善으로
소인 이소선

爲无益而弗爲也하고
위무익이불위야

以小惡으로 爲无傷而弗去也니라
이소악 위무상이불거야

故로 惡積而不可掩이요
고 악적이불가엄

罪大而不可解니라.
죄대이불가해

積(쌓을 적) 滅(멸망할 멸) 身(몸 신) 无(없을 무) 益(더할 익) 傷(상할 상) 弗(아닐 불) 解(풀 해)
掩(가릴 엄)

풀이 「주역」에서 말하였다.

선(善)한 일을 쌓지 않으면 이름을 내기에 부족할 것이며. 악(惡)한 일을 쌓지 않으면 몸을 망치기에 부족하니, 소인은 작은 선으로는 이로움이 없다 하여 행하지 않고, 작은 악으로는 해가 없다 하여 악을 버리지 않느니라. 그러므로 악이 쌓이면 덮을 수 없고, 죄가 커져서 풀지 못하느니라.

참고 **불위(弗爲)** : 작은 선을 행하지 않는다. **위무상(爲无傷)** : 몸을 해치지 않는다고 생각하고,
불거(弗去) : 작은 악을 멀리하지 않는다.

履霜하면 堅氷至하나니 臣弑其君하며
이 상   견 빙 지   신 시 기 군
子弑其父는 非一朝一夕之事라
자 시 기 부   비 일 조 일 석 지 사
其所由來者漸矣니라.
기 소 유 래 자 점 의

履(밟을 리) 霜(서리 상) 堅(굳을 견) 氷(얼음 빙) 弑(죽일 시) 漸(점점 점)

풀이 서리를 밟을 때가 되면 얼음이 어는 것과 같이, 신하가 그 임금을 죽이고 자식이 그 부모를 죽이는 것은 하루아침이나 하룻저녁에 이루어지는 것이 아니라, 오래전부터 그 까닭이 있는 것이니라.

참고 **소유래(所由來)** : 어떤 사건의 원인이 된다.

팔반가(八反歌)
(여덟 편의 반어적인 노래) 자녀 사랑하는 마음으로 효도하라

幼兒는 或詈我하면 我心에 覺懽喜하고
유아   혹이아   아심   각환희

父母는 嗔怒我하면 我心에 反不甘이라
부모   진노아   아심   반불감

一喜懽一不甘하니 待兒待父心何懸고
일희환일불감   대아대부심하현

勸君今日逢親怒어든
권군금일봉친노

也應將親作兒看하라.
야응장친작아간

詈(꾸짖을 리) 懽(기쁠 환) 嗔(성낼 진) 懸(현격할(멀) 현) 勸(권할 권)

풀이 어린 자식이 혹시 나를 보고 꾸짖으면 내 마음은 기쁨을 깨닫고, 부모가 나에게 노여워 꾸짖고 화내면 내 마음은 달갑지 않게 여기니라.

한 쪽은 기쁘고 한 쪽은 달갑지 않으니, 아이를 대하는 것과 부모를 대하는 마음이 어찌 이다지도 다른가.
권하노니, 그대여 오늘 어버이의 노여워함을 보이시면 마땅히 어버이에게 어린 자식 대하는 듯한 마음을 가져 보라.

참고 **일불감(一不甘)**: 부모에 대해서는 언짢게 여김.
하현(何懸): 어찌 이다지도 다르냐?

兒曹는 出千言하되 君聽常不厭하고
아 조 출 천 언   군 청 상 불 염

父母는 一開口하면 便道多閑管이라
부 모 일 개 구   변 도 다 한 관

非閑管親掛牽이니 皓首白頭에
비 한 관 친 괘 견   호 수 백 두

多諳練이라 勸君敬奉老人言하고
다 암 련   권 군 경 봉 노 인 언

莫敎乳口爭長短하라.
막 교 유 구 쟁 장 단

聽(들을 청) 管(간섭할 관) 牽(끌 견) 皓(흴 호) 諳(욀 암) 練(익힐 련)

풀이 어린 아이들은 천 마디 많은 말을 하지만 항상 싫지 않고, 부모가 입만 한 번 열어도 쓸데없이 참견이 많다고 말하느니라. 쓸데없이 일에 간여하는 것이 아니라 친히 부모가 근심에서 하는 것이다. 부모는 늙도록 쌓은 체험 끝에 하는 말이니, 아는 것이 많으니라.

그대에게 권하노니, 노인 말씀 공손히 받들고 그 가르침을 젖내 나는 어린 입으로 옳거니 그르거니 하지 말라.

幼兒尿糞穢는 君心에 無厭忌로되
유 아 뇨 분 예　　군 심　　무 염 기

老親涕唾零에는 反有憎嫌意니라
노 친 체 타 령　　반 유 증 혐 의

六尺軀來何處오 父精母血成汝體니라
육 척 구 래 하 처　　부 정 모 혈 성 여 체

勸君敬待老來人하라
권 군 경 대 노 래 인

壯時爲爾筋骨敝니라
장 시 위 이 근 골 폐

尿(오줌 뇨) 糞(똥 분) 穢(더러울 예) 忌(꺼릴 기) 涕(눈물 체) 唾(침 타) 零(떨어질 령)
嫌(싫어할 혐) 軀(몸 구) 筋(힘줄 근) 敝(해질 폐)

풀이 어린 아이의 오줌 똥이 왜 더럽지 않으랴만 그대 싫어하는 마음 없으되, 늙은 어버이의 눈물과 침이 떨어지는 것은 미워하고 꺼리는 마음이 있느니라.

그대의 여섯 자 되는 몸은 어디서 왔으리오, 바로 아버지 정(精)과 어머님 피가 그대의 몸이 되었느니라.

그대에게 권하노니, 늙어가는 부모를 공경하고 대접하라.

젊었을 때 그대를 위하여 살과 뼈가 닳도록 애쓰셨느니라.

看君晨入市하여 買餅又買餻하니
간 군 신 입 시 매 병 우 매 고

少聞供父母하고 多說供兒曹니라
소 문 공 부 모 다 설 공 아 조

親未啖兒先飽하니 子心이
친 미 담 아 선 포 자 심

不比親心好니라 勸君多出買餅錢하여
불 비 친 심 호 권 군 다 출 매 병 전

供養白頭光陰少하라.
공 양 백 두 광 음 소

晨(새벽 신) 餅(밀가루떡 병) 餻(떡 고) 啖(먹을 담) 飽(물릴 포)

풀이 그대가 새벽에 가게에 가서 떡을 사는 것을 보긴 했으나 부모에게 드린다는 말은 듣기 어렵고, 아이들에게 준다고 많은 말을 하느니라.

어버이는 맛도 못 보았는데 아이들은 먼저 배부르니, 자식된 마음은 부모 마음이 좋아하는 것에 미치지 못하느니라.

그대에게 권하노니, 떡살 돈을 많이 내어 흰머리에 살 날이 얼마 남지 않은 어버이를 잘 받들어 공양하라.

市間賣藥肆에 惟有肥兒丸하고
시간매약사   유유비아환

未有壯親者하니 何故兩般看고
미유장친자   하고양반간

兒亦病親亦病에 醫兒不比醫親症이라
아역병친역병   의아불비의친증

割股라도 還是親的肉이니
할고   환시친적육

勸君亟保雙親命하라.
권군극보쌍친명

醫(의원 의) 症(증세 증) 割(나눌 할) 股(넓적다리 고) 亟(빠를 극)

풀이 시중의 약장수에게는 오직 아이 살찌는 환약만 있고, 어버이 튼튼하게 하는 약은 없으니, 어찌 자식과 어버이의 병간호를 다르게 하는고. 아이의 병과 어버이의 병이 같건만 어버이 치료는 아이 치료에 비교할 수 없느니라. 제 다리 살을 떼내도 그것은 어버이의 육신이니, 그대여 서둘러 어버이의 목숨을 먼저 구하라.

富貴엔 養親易하나 親常有未安하고
부귀   양친이   친상유미안

貧賤엔 養兒難하나 兒不受饑寒이라
빈천   양아난   아불수기한

一條心兩條路에 爲兒終不如爲父니라
일 조 심 양 조 로   위 아 종 불 여 위 부

勸君養親如養兒하여
권 군 양 친 여 양 아

凡事莫推家不富하라.
범 사 막 추 가 불 부

饑(주릴 기) 條(가지 조) 凡(무릇 범) 莫(말 막) 推(미룰(옳을) 추)

풀이 부유하고 귀함엔 어버이를 봉양하기 쉬우나 그래도 어버이는 항상 편안하지 않고, 가난하고 천하면 어린 아이 기르기 어려우나 어린 아이는 춥고 배고픔을 받지 않느니라. 한 가지 마음 두 가지 길에 부모 위함이 끝내 어린 아이 위함만 못하니라.

그대에게 권하노니, 어버이 모시기를 아이 기르듯이 하고 모든 것을 집이 넉넉하지 못한 가난 탓이라고 미루지 말라.

養親에는 只二人이로되 常與兄弟爭하고
양 친   지 이 인   상 여 형 제 쟁

養兒에는 雖十人이나 君皆獨自任이니라
양 아   수 십 인   군 개 독 자 임

兒飽煖親 相問하되
아 포 난 친   상 문

父母饑寒不在心이니라
부 모 기 한 부 재 심

팔반가(八反歌) | **185**

勸君養親을 須竭力하라
권 군 양 친   수 갈 력

當初衣食이 被君侵이라.
당 초 의 식   피 군 침

飽(물릴 포) 煖(따뜻할 난) 饑(주릴 기) 竭(다할 갈) 侵(침노할 침)

🔵 풀이 어버이 봉양은 다만 두 분뿐이로되 항상 형제끼리는 서로 미루어 다투고, 자식 기르기는 수십 명이라도 혼자 스스로 감당하느니라. 자식 배부르고 따뜻함은 친히 항상 묻되, 부모의 배고픔과 추위는 마음에 있지 않느니라.
그대에게 권하노니, 어버이 섬기기를 모름지기 힘을 다하라. 그들은 애당초 옷과 먹을 것을 그대에게 빼앗겼느니라.

親有十分慈하되 君不念其恩하고
친 유 십 분 자   군 불 념 기 은

兒有一分孝하면 君就揚其名이니라
아 유 일 분 효   군 취 양 기 명

待親暗待兒明하니 誰識高堂養子心고
대 친 암 대 아 명   수 식 고 당 양 자 심

勸君漫信兒曹孝하라
권 군 만 신 아 조 효

兒曹親子在君身이니라.
아 조 친 자 재 군 신

慈(사랑할 자) 恩(은혜 은) 揚(오를 양) 識(알 식) 漫(질편할 만) 親(친할 친)

풀이 어버이의 사랑이 빈틈없이 가득 찼는데도, 그대는 그 은혜를 생각지 않고, 자식은 조그만[一分] 효도함이 있으면, 그대는 나서서 그 이름을 자랑하느니라. 어버이를 대접함은 어둡고 자식을 대접함은 밝으니, 누가 어버이의 자식 기르는 마음을 알리오.

그대에게 권하노니, 자식들의 효도를 크게 믿지 말라. 자식들이 어버이를 자기 자식과 같이 사랑함은 바로 자신에게 달렸느니라.

효행편 속(孝行篇 續)
부모님 섬기기에 정성을 다하라

孫順이 家貧하여 與其妻로
손 순   가 빈   여 기 처

傭作人家以養母할새
용 작 인 가 이 양 모

有兒每奪母食이라
유 아 매 탈 모 식

順이 謂妻曰 兒奪母食하니
순   위 처 왈 아 탈 모 식

兒는 可得이나 母難再求라
아   가 득   모 난 재 구

乃負兒 往歸醉山北郊하여
내 부 아 왕 귀 취 산 북 교

欲埋掘地러니 忽有甚奇石鐘이라
욕 매 굴 지   홀 유 심 기 석 종

驚怪試撞之하니 春容可愛라
경괴시당지 용용가애

妻曰 得此奇物은 殆兒之福이라
처왈 득차기물 태아지복

埋之不可라하니 順이 以爲然하여
매지불가 순 이위연

將兒與鐘還家하여 懸於樑撞之러니
장아여종환가 현어양당지

王이 聞鐘聲淸遠 異常하고
왕 문종성청원 이상

而覈聞其實하고 曰 昔에 郭巨埋子엔
이핵문기실 왈 석 곽거매자

天賜金釜러니 今孫順埋子엔
천사금부 금손순매자

地出石鐘하니 前後符同이라
지출석종 전후부동

賜家一區하고 歲給米五十石하니라.
사가일구 세급미오십석

傭(품팔이 용) 奪(빼앗을 탈) 醉(취할 취) 埋(묻을 매) 掘(팔 굴) 忽(홀연 홀) 怪(괴이할 괴) 撞(칠 당) 舂(종용할(절구) 용) 殆(자못 태) 將(받들 장) 懸(매달 현) 樑(들보 량) 覈(조사할 핵) 郭(성 곽) 賜(줄 사) 釜(가마솥 부) 符(들어맞을 부)

> 풀이 손순은 집이 가난하여 그의 아내와 함께 남의 집에 고용살이를 하며 어머니를 봉양하였는데, 그들에게 어린 자식이 있어 항상 어머

니 드릴 음식을 빼앗아 먹었다.

손순이 아내에게 일러 말하였다.

"아이가 어머님 드실 음식을 먹는구려. 자식은 또 낳을 수 있으나 어머님은 다시 구하기 어렵소."

이에 아이를 등에 업고 귀취산 북쪽 교외로 가서 묻으려고 땅을 팠는데, 뜻밖에 아주 신기한 돌종이 나왔다. 그들은 깜짝 놀라 이상히 여기고 시험 삼아 그 돌종을 쳐보니, 그 소리가 멀리까지 퍼지며 아름답고 정다웠다.

아내가 말하였다.

"이 같은 기이한 물건을 얻은 것은 모두가 다 아이의 복이니 그 애를 묻으면 안 됩니다."

손순도 그렇게 생각하고 아이와 함께 돌종을 들고 집으로 돌아와 대들보에 매달고 종을 울렸다.

왕은 멀리서 맑게 들려오는 종소리를 듣고 이상히 여겨 그 사실을 자세히 조사하여 듣고 말씀하셨다.

"옛적에 곽거(郭巨)가 아들을 묻었을 적에는 하늘이 금으로 만든 가마솥을 주시더니, 이제 손순이 아들을 묻으려 하자 땅에서 돌종이 나왔으니 앞과 뒤가 다 일치하는구나."

그리고 그들에게 집 한 채와 해마다 쌀 오십 석(石)을 내려주셨느니라.

참고 **손순(孫順)** : 신라 사람으로 경주 손씨의 시조로 효성이 지극하여 돌종[石鐘]을 얻었음. 그 돌종이 신라 진흥왕(眞興王)의 3기(器)의 하나가 되었다. **곽거(郭巨)** : 후한(後漢) 때 24효(孝)의 한 사람. 어머니 봉양을 위해 자식을 묻으려 하자 하늘이 금솥을 내려주었다.

尚德은 値年荒癘疫하여
상덕 치년황려역

父母飢病濱死라 尚德이
부모기병빈사 상덕

日夜不解衣하고 盡誠安慰하되
일야불해의 진성안위

無以爲養이면 則刲髀肉食之하고
무이위양 즉규비육사지

母發癰에 吮之卽癒라 王이 嘉之하여
모발옹 연지즉유 왕 가지

賜賚甚厚하고 命旌其門하고 立石紀事하니라.
사뢰심후 명정기문 입석기사

値(만날 치) 荒(흉년들 황) 癘(창질 려) 疫(질병 역) 慰(위로할 위) 髀(다리 비) 癰(종기 옹)
吮(빨 연) 癒(나을 유) 嘉(아름다울 가) 賚(줄 뢰) 旌(표할 정)

풀이 상덕은 흉년과 질병이 유행하는 때를 만나 그의 부모가 굶주려 거의 죽게 되자, 상덕이 밤낮으로 옷도 벗지 않고 정성을 다하여 편안히 위로하되, 봉양할 것이 없으면 자기의 넓적다리 살을 베어 올렸고, 어머니께서 종기가 나자 입으로 빨아서 낫게 해드렸다.
임금이 이 말을 듣고 어여삐 여겨 재물을 후하게 내리고, 또 그 집에 표창하는 뜻으로, 정문(旌門)을 세우도록 하고 비석을 세워 이 일을 기념케 하였느니라.

참고 **상덕(尚德)**: 신라 때의 효자.

효행편 상(孝行篇 續)

都氏家貧이나 至孝라 賣炭買肉하여
도 씨 가 빈   지 효   매 탄 매 육

無闕母饌이러라 一日은 於市에
무 궐 모 찬   일 일   어 시

晚而忙歸러니 鳶忽攫肉이어늘
만 이 망 귀   연 홀 확 육

都悲號至家하니 鳶旣投肉於庭이러라
도 비 호 지 가   연 기 투 육 어 정

一日은 母病 索非時之紅柿어늘
일 일   모 병 색 비 시 지 홍 시

都彷徨柿林하여 不覺日昏이러니
도 방 황 시 림   불 각 일 혼

有虎屢遮前路하고 以示乘意라
유 호 누 차 전 로   이 시 승 의

都乘至百餘里山村하여
도 승 지 백 여 리 산 촌

訪人家投宿이러니
방 인 가 투 숙

俄而主人이 饋祭飯而有紅柿라
아 이 주 인   궤 제 반 이 유 홍 시

都喜하여 問柿之來歷하고 且述己意한대
도 희   문 시 지 내 력   차 술 기 의

答曰(답왈) 亡父嗜柿(망부기시)라 故(고)로 每秋(매추)에
擇柿二百個(택시이백개)하여 藏諸窟中(장제굴중)하여
而至此五月(이지차오월)이면 則完者不過七八(즉완자불과칠팔)이라가
今得五十個完者(금득오십개완자)라 故(고)로 心異之(심이지)러니
是天感君孝(시천감군효)라하고 遺以二十顆(유이이십과)어늘
都謝出門外(도사출문외)하니 虎尙俟伏(호상사복)이라
乘至家(승지가)하니 曉鷄喔喔(효계악악)이러라 後(후)에
母以天命(모이천명)으로 終(종)에 都有血淚(도유혈루)러라.

賣(팔 매) 炭(숯 탄) 買(살 매) 闕(빠뜨릴 궐) 饌(반찬 찬) 晩(늦을 만) 忙(바쁠 망)
鳶(소리개 연) 攫(움킬 확) 索(찾을 색) 柿(감 시) 彷(방황할 방) 徨(방황할 황) 屢(자주 루)
遮(막을 차) 俄(잠시 아) 饋(먹일 궤) 嗜(즐길 기) 窟(구멍 굴) 顆(덩이 과) 俟(기다릴 사)
曉(새벽 효) 喔(울 악) 淚(눈물 루)

풀이 도씨는 비록 집안은 가난하였으나 효성이 지극하였다. 숯을 팔아서 고기를 사서 어머니의 반찬에 빠뜨리지 않도록 하였다. 하루는 시장에서 늦어 바삐 돌아오는데 솔개가 갑자기 고기를 채어가거

늘 도씨가 슬피 울며 자기 집에 돌아와 보니, 솔개가 이미 고기를 집안 뜰에 던져 놓았더라.

하루는 그 어머니가 병이 나서 때 지난 홍시를 찾았다. 도씨가 감나무 숲을 헤매다가 날이 저문 것도 모르고 있었는데, 그때에 호랑이가 나타나 여러 번 앞길을 가로막고 올라타라는 뜻을 보였다.

도씨는 호랑이를 타고 백여 리나 되는 산 속에 다다르자 밤이 되어 사람 사는 집을 찾아 묵었는데, 주인이 제삿밥을 차려 주는데 보니 거기에 홍시가 있었다. 도씨는 심히 기뻐하며 홍시의 내력을 묻고 자기가 온 뜻을 말하였다.

그러자 주인이 대답하였다.

"돌아가신 저의 아버지께서 감을 즐기셨으므로 매년 가을이면 감 이백 개를 골라서 굴 속에 저장해 두었습니다. 그러나 제사를 지내는 5월까지 온전한 것은 고작 7, 8개에 불과했었습니다. 그런데 금년에는 온전한 것이 50개나 되어 마음속으로 이상하게 여겼습니다. 이것은 하늘이 그대의 효성에 감동한 것이었군요."

이렇게 말하고 감 20개를 내어 주었다. 도씨가 고맙다고 인사하고 문 밖으로 나오니, 아직도 호랑이가 엎드린 채 기다리고 있었다. 호랑이를 타고 집에 돌아오니 새벽닭이 울었다. 그 후에 어머니가 천명을 다 누리고 돌아가시자, 도씨는 피눈물을 흘리며 슬피 울었다.

> 참고 **도씨(都氏)** : 조선조 철종(哲宗) 때의 효자.

염의편(廉義篇)
언제나 청렴하라

印觀이 賣綿於市할새 有署調者
인관 매면어시 유서조자

以穀買之而還이러니 有鳶이 攫其綿하여
이곡매지이환 유연 확기면

墮印觀家어늘 印觀이 歸于署調曰
타인관가 인관 귀우서조왈

鳶墮汝綿於吾家라 故로 還汝하노라
연타여면어오가 고 환여

署調曰 鳶이 攫綿與汝는 天也라
서조왈 연 확면여여 천야

吾何受爲리오 印觀曰 然則還汝穀하리라
오하수위 인관왈 연즉환여곡

署調曰 吾與汝者 市二日이니
서조왈 오여여자 시이일

穀已屬汝矣라하고 二人이 相讓이라가
곡 이 속 여 의   이 인   상 양

幷棄於市하니 掌市官이 以聞王하여
병 기 어 시   장 시 관   이 문 왕

竝賜爵하리라.
병 사 작

廉(청렴할 렴) 印(인 인) 觀(볼 관) 綿(솜 면) 署(마을 서) 調(고를 조) 穀(곡식 곡) 墮(떨어질 타)
與(줄 여) 屬(붙일 속) 讓(사양할 양) 棄(버릴 기) 掌(맡을(손바닥) 장) 官(벼슬 관) 賜(줄 사)

풀이 인관이라는 사람이 장에서 솜을 파는데, 서조라는 사람이 곡식으로 솜을 사 가지고 갔다. 이때 솔개가 그 솜을 낚아채 가지고 가서 인관의 집에 떨어뜨렸다. 이에 인관이 그 솜을 서조에게 되돌려 주며 말하였다.

"솔개가 당신의 솜을 물어다 우리집에 떨어뜨렸소. 그래서 되돌려 드리는 것이오."

서조가 말하였다.

"솔개가 솜을 낚아서 그대에게 준 것은 하늘이 시킨 일이거늘 내가 어찌 되돌려 받겠는가?"

그러자 인관이 말하였다.

"그렇다면 (솜 값으로 받은) 곡식을 당신에게 돌려드리겠소."

서조가 말하였다.

"내가 그대에게 곡식을 준 후로 이미 두 차례나 장날이 지나갔으니, 그 곡식은 이미 당신의 것이오."

이와 같이 두 사람은 서로 사양하다가 마침내 솜과 곡식을 장터에 내다 버리니, 시장을 관리하는 관원이 임금에게 이 사실을 보고해 올리자, 임금은 이 두 사람에게 다같이 벼슬을 내려 주었다.

참고 인관(印觀)과 서조(署調) : 신라 때 사람들이다.

洪公 耆燮이 少貧甚無聊러니
홍 공 기 섭 　 소 빈 심 무 료

一日朝에 婢兒踊躍 獻七兩錢 曰
일 일 조 　 비 아 용 약 　 헌 칠 냥 전 　 왈

此在鼎中하니 米可數石이요
차 재 정 중 　 　 미 가 수 석

柴可數馱니 天賜天賜니이다
시 가 수 태 　 　 천 사 천 사

公이 驚曰 是何金하고
공 　 경 왈 　 시 하 금

卽書 失金人 推去等字하여
즉 서 　 실 금 인 　 추 거 등 자

付之門楣而待러니
부 지 문 미 이 대

俄而姓劉者來 問書意어늘
아 이 성 유 자 래 　 문 서 의

公이 悉言之한대 劉曰
공 　 실 언 지 　 　 유 왈

理無失金於人之鼎內하니
이 무 실 금 어 인 지 정 내

果天賜也라 盍取之닛고 公이 曰
과 천 사 야   합 취 지   공 이 왈

非吾物에 何오 劉俯伏曰
비 오 물   하   유 부 복 왈

小的이 昨夜에 爲竊鼎來라가
소 적   작 야   위 절 정 래

還憐家勢蕭條 而施之러니
환 련 가 세 소 조   이 시 지

今感公之廉价하고 良心自發하여
금 감 공 지 렴 개   양 심 자 발

誓不更盜하고 願欲常侍하오니
서 불 갱 도   원 욕 상 시

勿慮取之하소서 公이 卽還金曰
물 려 취 지   공   즉 환 금 왈

汝之爲良 則善矣나 金不可取라하고
여 지 위 량 즉 선 의   금 불 가 취

終不受하니라 後에 公이 爲判書하고
종 불 수   후   공   위 판 서

其子在龍이 爲憲宗國舅하며
기 자 재 용   위 헌 종 국 구

劉亦見信하여 身家大昌하니라.
유 역 견 신   신 가 대 창

耆(늙은이 기) 燮(빛날 섭) 聊(애오라지(즐거울) 료) 婢(계집종 비) 踊(뛸 용) 躍(뛸 약) 獻(바칠 헌)
鼎(솥 정) 柴(나무 시) 駄(짐실을 태) 楣(문설주 미) 悉(다 실) 盍(어찌 아니할 합) 俯(구부릴 부)
竊(훔칠 절) 蕭(쓸쓸할 소) 价(청렴할 개) 誓(맹세할 서) 更(다시 갱) 憲(법 헌) 舅(장인 구)

[풀이] 홍기섭이라는 사람은 젊었을 때 매우 가난하였다. 어느 날 아침에 어린 종이 좋아 날뛰면서 달려와 돈 일곱 냥을 바치며 말하였다.

"이 돈이 솥 안에 있었으니, 쌀 몇 섬이요, 나무가 몇 바리 어치입니다. 이것은 하늘이 내려주신 것입니다."

공(홍기섭)이 놀라며 말하였다.

"그게 어떻게 된 돈일까?" 하며, '돈을 잃은 사람은 찾아가라'는 글을 써서 대문에 붙이고 기다렸다.

얼마 후에 유씨 성의 사람이 와서 대문에 붙인 글의 뜻을 물었다. 이에 공이 돈의 내력을 자세히 설명하자, 유씨가 말하였다.

"아무도 돈을 남의 솥 속에다 잃을 이치가 없으니, 그 돈은 필경 하늘이 내려준 것이오. 어찌 안 가지려 하십니까?"

그러자 공이 말하였다.

"나의 재물이 아닌데 어찌 가진단 말입니까?"

그러자 유씨가 엎드려 절을 하며 말하였다.

"소인이 어젯밤에 공의 솥을 훔치러 왔다가 가세가 너무 쓸쓸한 것을 안타까이 여겨 이 돈을 솥 안에 놓고 갔습니다. 소인은 이제 공의 청렴하심에 감동하고 양심이 절로 우러나와 다시는 도적질을 하지 않으려고 맹세하옵니다. 소인이 앞으로도 항상 옆에서 모시기를 원하오니, 염려마시고 이 돈을 거두어 주십시오."

공은 즉시 돈을 돌려주며 말하였다.
"그대가 착한 사람이 된 것은 참으로 좋은 일이나 그래도 이 돈은 내가 취할 수 없소." 하고 끝내 받지 않았다.
후에 공은 판서가 되었고, 그의 아들 재룡은 헌종의 장인이 되었으며, 유씨의 집안도 신임을 얻어 그의 집안이 크게 번영하였다.

참고 **홍기섭(洪耆燮)** : 조선 순조(純祖) 때의 사람.

高句麗 平原王之女는
고 구 려 평 원 왕 지 녀

幼時에 好啼러니 王이 戱曰 以汝로
유 시 호 제 왕 희 왈 이 여

將歸 于愚溫達하리라
장 귀 우 우 온 달

及長에 欲下嫁 于上部高氏한대
급 장 욕 하 가 우 상 부 고 씨

女以王不可食言이라하여
여 이 왕 불 가 식 언

固辭하고 終爲溫達之妻하니라
고 사 종 위 온 달 지 처

蓋溫達이 家貧하여 行乞養母하니
개 온 달 가 빈 행 걸 양 모

時人이 目爲愚溫達也러라
시 인 목 위 우 온 달 야

一日은 溫達이 自山中으로
일일   온달   자산중

負楡皮而來하니 王女訪見曰
부유피이래   왕녀방견왈

吾乃子之匹也라하고 乃賣首飾하여
오내자지필야   내매수식

而買田宅器物 頗富하고
이매전택기물 파부

多養馬以資溫達하여 終爲顯榮하니라.
다양마이자온달   종위현영

句(글귀 구) 麗(고울 려) 原(언덕 원) 啼(울 제) 戲(희롱할 희) 汝(너 여) 嫁(시집갈 가)
部(마을 부) 蓋(대개 개) 乞(빌 걸) 愚(어리석을 우) 負(질 부) 楡(느릅나무 유) 訪(찾을 방)
匹(짝 필) 飾(꾸밀 식) 頗(자못 파) 資(도울 자)

풀이 고구려 평원왕의 딸은 어렸을 때 잘 울었는데, 왕이 놀려 말하였다.
"너는 장차 바보 온달에게 시집보내겠다."
그 딸이(공주가) 자라자 왕이 상부 고씨에게 시집을 보내려 하니 공주는, "왕가에서 식언을 하면 안 됩니다."라고 하여 굳이 사양하고 마침내 온달의 아내가 되었다.
일찍이 온달은 집안이 가난하여 거리로 다니며 구걸하여 자기 어머니를 봉양하니, 이에 사람들은 그를 보고 바보 온달이라고 불렀다. 하루는 온달이 산에서 느릅나무 껍질을 짊어지고 돌아오니, 공주가 찾아와서 말하였다.
"저는 바로 당신의 아내입니다."

그 온달의 아내는 비녀와 장식품을 팔아서 밭과 집과 살림을 장만하여 매우 부유해졌고, 또 말들을 많이 길러 온달의 뒷바라지를 했다. 마침내 온달은 공을 세워 벼슬과 이름이 빛나게 되었다.

참고 **평원왕(平原王)** : 고구려의 제25대(559~590) 왕이었다. **온달(溫達)** : 고구려 평원왕 때의 장군으로 북주(北周) 무제(武帝)의 군사를 쳐서 대형(大兄)이라는 벼슬에 올랐음.

권학편(勸學篇)
늘 배우고 익혀야 한다

朱子曰 勿謂今日不學而有來日하며
주자왈 물위금일불학이유내일

勿謂今年不學而有來年하라
물위금년불학이유내년

日月逝矣라 歲不我延이니
일월서의 세불아연

嗚呼老矣라 是誰之愆고.
오호노의 시수지건

勸(권할 권) 逝(갈 서) 延(늦출 연) 嗚(슬플 오) 愆(허물 건)

풀이 주자가 말하였다.

오늘 배우지 않고서 내일이 있다고 말하지 말며, 올해에 배우지 않고서 내년이 있다고 말하지 말라. 세월은 흘러가는 것이라 나를 위해 기다리지 않는다. 아! 늙었도다. 이것은 누구 탓인가?

少年易老學難成하니
소 년 이 노 학 난 성

一寸光陰不可輕이라
일 촌 광 음 불 가 경

未覺池塘春草夢하여
미 각 지 당 춘 초 몽

階前梧葉已秋聲이라.
계 전 오 엽 이 추 성

陰(그늘 음) 覺(깨달을 각) 塘(못 당) 夢(꿈 몽) 階(섬돌 계) 梧(오동나무 오)

풀이 소년은 늙기가 쉽고 학문은 이루기가 어렵나니, 짧은 시간도 아껴서 써라. 아직도 연못가의 봄풀은 꿈에서 깨지 못하였는데, 섬돌 앞의 오동나무는 벌써 가을을 재촉하는구나.

陶淵明詩云 盛年은 不重來하고
도 연 명 시 운 성 년 부 중 래

一日은 難再晨이니 及時當勉勵하라
일 일 난 재 신 급 시 당 면 려

歲月은 不待人이니라.
세 월 부 대 인

盛(성할 성) 重(거듭 중) 難(어려울 난) 晨(새벽 신) 勉(힘쓸 면) 勵(힘쓸 려)

풀이 도연명의 시(詩)에서 말하였다.

젊음은 두 번 다시 오지 않고, 새벽은 하루에 두 번 오지 않으니, 때가 이르거든 마땅히 학문에 힘써라. 세월은 사람을 기다려주지 않느니라.

> **참고** **도연명(陶淵明)**: 이름은 잠(潛)이고 자는 원량(元亮)이다. 동진(東晉)의 은사이며 저서로 「도정절집(陶靖節集)」이 있다. '귀거래사(歸去來辭)'로 유명하다.

荀子曰 不積頃步면 無以至千里요
순 자 왈 부 적 규 보   무 이 지 천 리

不積小流면 無以成江河니라.
부 적 소 류   무 이 성 강 하

積(쌓을 적) 頃(반걸음 규) 流(흐를 류) 河(강 하)

> **풀이** 순자(荀子)가 말하였다.
> 반걸음도 쌓지 않으면 천 리에 이르지 못하며, 작게 흐르는 물도 고이지 않으면 강을 이루지 못하느니라.

마음을 밝혀주는 보배로운 거울

명심보감
明心寶鑑

부록

- 부수(部首) 일람표
- 두음법칙(頭音法則) 한자
- 동자이음(同字異音) 한자
- 약자(略字)·속자(俗字)
- 고사성어(故事成語)
- 명심보감 원문 쓰기

부수(部首) 일람표

一 [한 일]	가로의 한 획으로 수(數)의 '하나'의 뜻을 나타냄 (지사자)
丨 [뚫을 곤]	세로의 한 획으로, 상하(上下)로 통하는 뜻을 지님 (지사자)
丶 [점 주(점)]	불타고 있어 움직이지 않는 불꽃을 본뜬 모양 (지사자)
丿 [삐칠 별(삐침)]	오른쪽에서 왼쪽으로 삐쳐 나간 모습을 그린 글자 (상형자)
乙(乚) [새 을]	갈지자형을 본떠, 사물이 원활히 나아가지 않는 상태를 나타냄 (상형자)
亅 [갈고리 궐]	거꾸로 휘어진 갈고리 모양을 본뜬 글자 (상형자)
二 [두 이]	두 개의 가로획으로 수사(數詞)의 '둘'의 뜻을 나타냄 (상형자)
亠 [머리 두(돼지해머리)]	亥에서 亠을 따 왔기 때문에 돼지해밑이라고 함 (상형자)
人(亻) [사람 인(인변)]	사람, 백성 등이 팔을 뻗쳐 서있는 것을 옆에서 본 모양 (상형자)
儿 [어진사람 인]	사람 두 다리를 뻗치고 서있는 모습 (상형자)
入 [들 입]	하나의 줄기가 갈라져 땅속으로 들어가는 모양 (상형자)
八 [여덟 팔]	사물이 둘로 나뉘어 등지고 있는 모습 (지사자)
冂 [멀 경(멀경몸)]	세로의 두 줄에 가로 줄을 그어, 멀리 떨어진 막다른 곳을 뜻함 (상형자)
冖 [덮을 멱(민갓머리)]	집 또는 지붕을 본떠 그린 글자 (상형자)
冫 [얼음 빙(이수변)]	얼음이 언 모양을 그린 글자 (상형자)
几 [안석 궤(책상궤)]	발이 붙어 있는 대의 모양 (상형자)
凵 [입벌릴 감(위터진입구)]	땅이 움푹 들어간 모양 (상형자)
刀(刂) [칼 도]	날이 구부정하게 굽은 칼 모양 (상형자)
力 [힘 력]	팔이 힘을 주었을 때 근육이 불거진 모습 (상형자)
勹 [쌀 포]	사람이 몸을 구부리고 보따리를 싸서 안고 있는 모양 (상형자)
匕 [비수 비]	끝이 뾰족한 숟가락 모양 (상형자)
匚 [상자 방(터진입구)]	네모난 상자의 모양을 본뜸 (상형자)
匸 [감출 혜(터진에운담)]	물건을 넣고 뚜껑을 덮어 가린다는 뜻 (회의자)
十 [열 십]	동서남북이 모두 추어진 모양
卜 [점 복]	점을 치기 위하여 소뼈나 거북의 등딱지를 태워서 갈라진 모양
卩(㔾) [병부 절]	사람이 무릎을 꿇은 모양을 본떠, '무릎 관절'의 뜻을 나타냄 (상형자)
厂 [굴바위 엄(민엄호)]	언덕의 위부분이 튀어나와 그 밑에서 사람이 살 수 있는 곳 (상형자)
厶 [사사로울 사(마늘모)]	자신의 소유품을 묶어 싸놓고 있음을 본뜸 (지사자)

又 [또 우]	오른손의 옆모습을 본뜬 글자 (상형자)
口 [입 구]	사람의 입모양을 나타냄 (상형자)
囗 [에울 위(큰입구)]	둘레를 에워싼 선에서, '에워싸다', '두루다'의 뜻을 나타냄 (지사자)
土 [흙 토]	초목의 새싹이 땅 위로 솟아오르며 자라는 모양을 본뜬 글자 (상형자)
士 [선비 사]	一에서 十까지의 기수(基數)로 선비가 학업에 입문하는 것 (상형자)
夂 [뒤져올 치]	아래를 향한 발의 상형으로, '내려가다'의 뜻을 나타냄 (상형자)
夊 [천천히걸을 쇠]	아래를 향한 발자국의 모양으로, 가파른 언덕을 머뭇거리며 내려가다는 뜻을 나타냄 (상형자)
夕 [저녁 석]	달이 반쯤 보이기 시작할 때 즉 황혼 무렵의 저녁을 말함 (상형자)
大 [큰 대]	정면에서 바라 본 사람의 머리, 팔, 머리를 본뜸 (상형자)
女 [계집 녀]	여자가 무릎을 굽히고 얌전히 앉아 있는 모습 (상형자)
子 [아들 자]	사람의 머리와 수족을 본뜸 (상형자)
宀 [집 면(갓머리)]	지붕이 사방으로 둘러싸인 집 (상형자)
寸 [마디 촌]	손가락 하나 굵기의 폭 (지사자)
小 [작을 소]	작은 점의 상형으로 '작다'의 뜻 (상형자)
尢(尣) [절름발이 왕]	한쪽 정강이뼈가 굽은 모양을 본뜸 (상형자)
尸 [주검 시]	사람이 배를 깔고 드러누운 모양 (상형자)
屮(艸) [싹날 철]	풀의 싹이 튼 모양을 본뜸 (상형자)
山 [메 산]	산모양을 본더, '산'의 뜻을 나타냄 (상형자)
巛(川) [개미허리(내 천)]	물이 굽이쳐 흐르는 모양 (상형자)
工 [장인 공]	천지 사이에 대목이 먹줄로 줄을 튕기고 있는 모습 (상형자)
己 [몸 기]	사람이 자기 몸을 굽히고 있는 모양을 본뜬 글자 (상형자)
巾 [수건 건]	허리띠에 천을 드리우고 있는 모양 (상형자)
干 [방패 간]	끝이 쌍갈래진 무기의 상형으로, '범하다', '막다'의 뜻을 나타냄 (상형자)
幺 [작을 요]	갓 태어난 아이를 본뜸 (상형자)

广 [집 엄(엄호)]		가옥의 덮개에 상당하는 지붕의 모습을 본뜸 (상형자)
廴 [길게 걸을 인(민책받침)]		길게 뻗은 길을 간다는 뜻 (지사자)
廾 [손맞잡을 공(밑스물입)]		두 손으로 받들 공 왼손과 오른손을 모아 떠받들고 있는 모습 (회의자)
弋 [주살 익]		작은 가지에 지주(支柱)를 바친 모양 (상형자)
弓 [활 궁]		화살을 먹이지 않은 활의 모양을 본뜸 (상형자)
彐(彑) [돼지머리 계(터진가로왈)]		돼지머리의 모양을 본뜬 모양 (상형자)
彡 [터럭 삼(삐친석삼)]		터럭을 빗질하여 놓은 모양 (상형자)
彳 [조금걸을 척(중인변)]		넓적다리, 정강이, 발의 세 부분을 그려서 처음 걷기 시작함을 나타냄 (상형자)
心(忄·㣺) [마음 심(심방 변)]		사람의 심장의 모양을 본뜬 모양 (상형자)
戈 [창 과]		주살 익(弋)에 一을 덧붙인 날이 옆에 있는 주살 (상형자)
戶 [지게 호]		지게문의 상형으로, '문', '가옥'의 뜻을 지님 (상형자)
手(扌) [손 수(재방변)]		다섯 손가락을 펼치고 있는 손의 모양 (상형자)
支 [지탱할 지]		대나무의 한 쪽 가지를 나누어 손으로 쥐고 있는 모양 (상형자)
攴(攵) [칠 복(등글월문)]		손으로 북소리가 나게 두드린다는 뜻 (상형자)
文 [글월 문]		사람의 가슴을 열어, 거기에 먹으로 표시한 모양 (상형자)
斗 [말 두]		자루가 달린 용량을 계측하는 말을 본뜸 (상형자)
斤 [도끼 근(날근)]		날이 선, 자루가 달린 도끼로 그 밑에 놓인 물건을 자르려는 모양 (상형자)
方 [모 방]		두 척의 조각배를 나란히 하여 놓고 그 이름을 붙여 놓은 모양 (상형자)
无(旡) [없을 무(이미기방)]		사람의 머리 위에 一의 부호를 더하여 머리를 보이지 않게 한 것 (지사자)
日 [날 일]		태양의 모양을 본뜸 (상형자)
曰 [가로 왈]		입과 날숨을 본뜸 (상형자)
月 [달 월]		달의 모양을 본뜸 (상형자)
木 [나무 목]		나무의 줄기와 가지와 뿌리가 있는 서 있는 나무를 본뜸 (상형자)
欠 [하품 흠]		사람의 립에서 입김이 나오는 모양 (상형자)
止 [그칠 지]		초목에서 싹이 돋아날 무렵의 뿌리 부분의 모양 (상형자)
歹(歺) [뼈앙상할 알(죽을 사변)]		살이 깎여 없어진 사람의 백골 시체의 모양 (상형자)
殳 [칠 수(갖은등글월문)]		오른손에 들고 있는 긴 막대기의 무기 모양 (상형자)
毋 [말 무]		毋말무 여자를 함부로 범하지 못하도록 막아 지킨다는 뜻 (상형자)
比 [견줄 비]		人을 반대 방향으로 나란히 세워 놓은 모양 (상형자)
毛 [터럭 모]		사람이나 짐승의 머리털을 본뜸 (상형자)
氏 [각시 씨]		산기슭에 튀어나와 있는 허물어져가는 언덕의 모양 (상형자)

气 [기운 기]	구름이 피어오르는 모양. 또는 김이 곡선을 그으면서 솟아오르는 모양 (상형자)
水(氵) [물 수(삼수변)]	물이 끊임없이 흐르는 모양 (상형자)
火(灬) [불 화]	불이 활활 타오르는 모양 (상형자)
爪(爫) [손톱 조]	손으로 아래쪽의 물건을 집으려는 모양 (상형자)
父 [아비 부]	손으로 채찍을 들고 가족을 거느리며 가르친다는 뜻 (상형자)
爻 [점괘 효]	육효(六爻)의 머리가 엇갈린 모양을 본뜸 (상형자)
爿 [조각널 장(장수장변)]	나무의 한 가운데를 세로로 자른 그 왼쪽 반의 모양 (상형자)
片 [조각 편]	나무의 한 가운데를 세로로 자른 그 오른 쪽 반의 모양 (상형 · 지사자)
牙 [어금니 아]	입을 다물었을 때 아래 위의 어금니가 맞닿은 모양 (상형자)
牛(牜) [소 우]	머리와 두 뿔이 솟고, 꼬리를 늘어뜨리고 있는 소의 모양 (상형자)
犬(犭) [개 견]	개가 옆으로 보고 있는 모양 (상형자)
老(耂) [늙을 로]	늙어서 머리털이 변한 모양 (상형자)
玉(王) [구슬 옥]	가로 획은 세 개의 옥돌, 세로 획은 옥 줄을 꿴 끈을 뜻함 (상형자)
艸(艹) [풀 초(초두)]	초목이 처음 돋아나오는 모양 (상형자)
辵(辶) [쉬엄쉬엄갈 착 (책받침)]	가다가는 쉬고 쉬다가는 간다는 뜻 (회의자)
玄 [검을 현]	'亠'과 '幺'이 합하여 그윽하고 멀다는 의미를 지님 (상형자)
瓜 [오이 과]	'ㅅ'는 오이의 덩굴을, 'ㅿ'는 오이의 열매를 본뜸 (상형자)
瓦 [기와 와]	진흙으로 구운 질그릇의 모양 (상형자)
甘 [달 감]	'ㅁ'와 'ㅡ'을 합한 것으로 입 안에 맛있는 것이 들어있음을 뜻함 (지사자)
生 [날 생]	초목이 나고 차츰 자라서 땅 위에 나온 모양 (상형자)
田 [밭 전]	'ㅁ'은 사방의 경계선을 'ㅓ'은 동서남북으로 통하는 길을 본뜸 (상형자)
疋 [필 필]	무릎 아래의 다리 모양 (상형자)
疒 [병들 녁(병질엄)]	사람이 병들어 침대에 기댄 모양 (회의자)
癶 [걸을 발(필발머리)]	두 다리를 뻗친 모양 (상형자)

白 [흰 백]	저녁의 어스레한 물색을 희다고 본데서 '희다'의 뜻을 나타냄 (상형자)
皮 [가죽 피]	손으로 가죽을 벗기는 모습 (상형자)
皿 [그릇 명]	그릇의 모양 (상형자)
目(罒) [눈 목]	사람의 눈의 모양 (상형자)
矛 [창 모]	병거(兵車)에 세우는 장식이 달리고 자루가 긴 창의 모양 (상형자)
矢 [화살 시]	화살의 모양 (상형자)
石 [돌 석]	언덕 아래 굴러있는 돌맹이 모양 (상형자)
示(礻) [보일 시]	인간에게 길흉을 보여 알림을 뜻함 (상형자)
内 [짐승발자국 유]	짐승의 뒷발이 땅을 밟고 있는 모양 (상형자)
禾 [벼 화]	줄기와 이삭이 드리워진 모양 (상형자)
穴 [구멍 혈]	움을 파서 그 속에서 살 혈거주택을 본 뜬 모양 (상형자)
立 [설 립]	사람이 땅 위에 서 있는 모양 (상형자)
衣(衤) [옷 의]	사람의 윗도리를 가리는 옷이라는 뜻 (상형자)
竹 [대 죽]	대나무의 줄기와 대나무의 잎이 아래로 드리워진 모양 (상형자)
米 [쌀 미]	네 개의 점은 낟알을 뜻하고 十은 낟알이 따로따로 있음을 뜻함 (상형자)
糸 [실 사]	실타래를 본뜬 모양 (상형자)
缶 [장군 부]	장군을 본뜬 모양 (상형자)
网(冖·罒) [그물 망]	그물을 본뜬 모양 (상형자)
羊 [양 양]	양의 뿔과 네 다리를 나타낸 모양 (상형자)
羽 [깃 우]	새의 날개를 본뜬 모양 (상형자)
而 [말이을 이]	코 밑 수염을 본뜬 모양 (상형자)
耒 [쟁기 뢰]	우거진 풀을 나무로 만든 연장으로 갈아 넘긴다는 뜻으로 쟁기를 의미함 (상형자)
耳 [귀 이]	귀를 본뜬 모양 (상형자)
聿 [붓 율]	대쪽에 재빠르게 쓰는 물건 곧 붓을 뜻함 (상형자)
肉(月) [고기 육(육달월변)]	잘라낸 고기 덩어리를 본뜬 모양 (상형자)
臣 [신하 신]	임금 앞에 굴복하고 있는 모양 (상형자)
自 [스스로 자]	코를 본뜬 모양 (상형자)
至 [이를 지]	새가 날아 내려 땅에 닿음을 나타냄 (지사자)
臼 [절구 구(확구)]	확을 본뜬 모양 (상형자)
舌 [혀 설]	口와 干을 합하여 혀를 나타냄 (상형자)
舛(牟) [어그러질 천]	사람과 사람이 서로 등지고 반대 된다는 뜻 (상형·회의자)

舟 [배 주]	배의 모양을 본뜬 모양 (상형자)
艮 [그칠 간]	눈이 나란하여 서로 물러섬이 없다는 뜻 (회의자)
色 [빛 색]	사람의 심정이 얼굴빛에 나타난 모양 (회의자)
虍 [범의문채 호(범호)]	호피의 무늬를 본뜬 모양 (상형자)
虫 [벌레 충(훼)]	살무사가 몸을 도사리고 있는 모양 (상형자)
血 [피 혈]	제기에 담아서 신에게 바치는 희생의 피를 나타냄 (상형자)
行 [다닐 행]	좌우의 발을 차례로 옮겨 걸어감을 의미함 (상형자)
襾 [덮을 아]	그릇의 뚜껑을 본뜬 모양 (지사자)
見 [볼 견]	사람이 눈으로 보는 것을 뜻함 (회의자)
角 [뿔 각]	짐승의 뿔을 본뜬 모양 (상형자)
言 [말씀 언]	불신(不信)이 있을 대는 죄를 받을 것을 맹세한다는 뜻
谷 [골 곡]	샘물이 솟아 산 사이를 지나 바다에 흘러들어 가기까지의 사이를 뜻함 (회의자)
豆 [콩 두]	굽이 높은 제기를 본뜬 모양 (상형자)
豕 [돼지 시]	돼지가 꼬리를 흔드는 모양 (상형자)
豸 [발없는벌레 치(갖은돼지시변)]	짐승이 먹이를 노려 몸을 낮추어 이제 곧 덮치려 하고 있는 모양 (상형자)
貝 [조개 패]	조개를 본뜬 모양 (상형자)
赤 [붉을 적]	불타 밝은데서 밝게 드러낸다는 뜻 (회의자)
走 [달아날 주]	사람이 다리를 굽혔다 폈다 하면서 달리는 모양 (회의자)
足 [발 족]	무릎부터 다리까지를 본뜬 모양 (상형자)
身 [몸 신]	아이가 뱃속에서 움직이는 모양 (상형자)
車 [수레 거]	외바퀴차를 본뜬 모양 (상형자)
辛 [매울 신]	문신을 하기 위한 바늘을 본뜬 모양 (상형자)
辰 [별 진]	조개가 조가비를 벌리고 살을 내놓은 모양 (상형자)
邑(阝) [고을 읍(우부방)]	사람이 모여 사는 마을을 뜻함 (회의자)
酉 [닭 유]	술두루미를 본뜬 모양 (상형자)

釆 [분별할 변]	짐승의 발톱이 갈라져 있는 모양 (상형자)
里 [마을 리]	밭도 있고 흙도 있어서 사람이 살만한 곳을 뜻함 (회의자)
金 [쇠 금]	땅 속에 묻혔으면서 빛을 가진 광석에서 가장 귀한 것을 뜻함 (상형·형성자)
長(镸) [길 장]	사람의 긴 머리를 본뜬 모양 (상형자)
門 [문 문]	두 개의 문짝을 달아놓은 모양 (상형자)
阜(阝) [언덕 부(좌부방)]	층이 진 흙산을 본뜬 모양 (상형자)
隶 [미칠 이]	손으로 꼬리를 붙잡기 위해 뒤에서 미친다는 뜻 (회의자)
隹 [새 추]	꽁지가 짧은 새를 본뜬 모양 (상형자)
雨 [비 우]	하늘의 구름에서 물방울이 뚝뚝 떨어지는 모양 (상형자)
靑 [푸를 청]	싹도 우물물도 맑은 푸른빛을 뜻함 (형성자)
非 [아닐 비]	새가 날아 내릴 때 날개를 좌우로 날아 드리운 모양 (상형자)
面 [낯 면]	사람의 머리에 얼굴의 윤곽을 본뜬 모양 (지사자)
革 [가죽 혁]	두 손으로 짐승의 털을 뽑는 모양 (상형자)
韋 [다룸가죽 위]	어떤 장소에서 다른 방향으로 발걸음을 내디디는 모양 (회의자)
韭 [부추 구]	땅 위에 무리지어 나있는 부추의 모양 (상형자)
音 [소리 음]	말이 입 밖에 나올 때 성대를 울려 가락이 있는 소리를 내는 모양 (지사자)
頁 [머리 혈]	사람의 머리를 강조한 모양 (상형자)
風 [바람 풍]	공기가 널리 퍼져 움직임을 따라 동물이 깨어나 움직인다는 뜻 (상형·형성자)
飛 [날 비]	새가 하늘을 날 때 양쪽 날개를 쭉 펴고 있는 모양 (상형자)
食 [밥 식(변)]	식기에 음식을 담고 뚜껑을 덮은 모양 (상형자)
首 [머리 수]	머리털이 나있는 머리를 본뜬 모양 (상형자)
香 [향기 향]	기장을 잘 익혔을 때 나는 냄새를 뜻함 (회의자)
馬 [말 마]	말을 본뜬 모양 (상형자)
骨 [뼈 골]	고기에서 살을 발라내고 남은 뼈를 뜻함 (회의자)
高 [높을 고]	출입문 보다 누대는 엄청 높다는 뜻 (상형자)
髟 [머리털늘어질 표(터럭발)]	긴 머리털을 뜻함 (회의자)
鬥 [싸울 투]	두 사람이 손에 병장기를 들고 서로 대항하는 모양 (상형자)
鬯 [술 창]	곡식의 낟알이 그릇에 담겨 괴어 액체가 된 것을 숟가락으로 뜬다는 뜻 (회의자)
鬲 [솥 력]	솥과 비슷한 다리 굽은 솥의 모양 (상형자)
鬼 [귀신 귀]	사람을 해치는 망령 곧 귀신을 뜻함 (상형자)
魚 [물고기 어]	물고기를 본뜬 모양 (상형자)

鳥 [새 조]	새를 본뜬 모양 (상형자)
鹵 [소금밭 로]	서쪽의 소금밭을 가리킴 (상형자)
鹿 [사슴 록]	사슴의 머리, 뿔, 네 발을 본뜬 모양 (상형자)
麥 [보리 맥]	겨울에 뿌리가 땅속에 깊이 박힌 모양 (회의자)
麻 [삼 마]	삼의 껍질을 가늘게 삼은 것을 뜻함 (회의자)
黃 [누를 황]	밭의 색은 황토색이기 때문에 '노랗다'는 것을 뜻함 (상형자)
黍 [기장 서]	술의 재료로 알맞은 기장을 뜻함 (상형·회의자)
黑 [검을 흑]	불이 활활 타올라 나가는 창인 검은 굴뚝을 뜻함 (상형자)
黹 [바느질할 치]	바늘에 꿴 실로서 수를 놓는 옷감을 그린 모양 (상형자)
黽 [맹꽁이 맹]	맹꽁이를 본뜬 모양 (상형자)
鼎 [솥 정]	발이 세 개, 귀가 두개인 솥의 모양 (상형자)
鼓 [북 고]	장식이 달린 아기를 오른손으로 친다는 뜻 (회의자)
鼠 [쥐 서]	쥐의 이와 배, 발톱과 꼬리의 모양 (상형자)
鼻 [코 비]	공기를 통하는 '코'를 뜻함 (회의·형성자)
齊 [가지런할 제]	곡식의 이삭이 피어 끝이 가지런한 모양 (상형자)
齒 [이 치]	이가 나란히 서 있는 모양
龍 [용 룡]	끝이 뾰쪽한 뿔과 입을 벌린 기다란 몸뚱이를 가진 용의 모양 (상형자)
龜 [거북 귀(구)]	거북이를 본뜬 모양 (상형자)
龠 [피리 약]	부는 구멍이 있는 관(管)을 나란히 엮은 모양 (상형자)

두음법칙(頭音法則) 한자

한자음에서 첫머리나 음절의 첫소리에서 발음되는 것을 피하기 위해 다른 소리로 바꾸어 발음하는 것으로 즉, 'ㅣ, ㅑ, ㅕ, ㅛ, ㅠ' 앞에서 'ㄹ과 ㄴ'이 'ㅇ'이 되고, 'ㅏ, ㅓ, ㅗ, ㅜ, ㅡ, ㅐ, ㅔ, ㅚ' 앞의 'ㄹ'은 'ㄴ'으로 변하는 것을 말한다.

ㄴ→ㅇ로 발음

尿(뇨)	뇨-糖尿病(당뇨병) 요-尿素肥料(요소비료)	尼(니)	니-比丘尼(비구니) 이-尼僧(이승)	泥(니)	니-雲泥(운니) 이-泥土(이토)
溺(닉)	닉-耽溺(탐닉) 익-溺死(익사)	女(녀)	여-女子(여자) 녀-小女(소녀)	匿(닉)	닉-隱匿(은닉) 익-匿名(익명)
紐(뉴)	뉴-結紐(결뉴) 유-紐帶(유대)	念(념)	념-理念(이념) 염-念佛(염불)	年(년)	년-數十年(수십년) 연-年代(연대)

ㄹ→ㄴ, ㅇ로 발음

洛(락)	락-京洛(경락) 낙-洛東江(낙동강)	蘭(란)	란-香蘭(향란) 난-蘭草(난초)	欄(란)	란-空欄(공란) 난-欄干(난간)
藍(람)	람-甘藍(감람) 남-藍色(남색)	濫(람)	람-汎濫(범람) 남-濫發(남발)	拉(랍)	랍-被拉(피랍) 납-拉致(납치)
浪(랑)	랑-放浪(방랑) 낭-浪說(낭설)	廊(랑)	랑-舍廊(사랑) 낭-廊下(낭하)	涼(량)	량-淸涼里(청량리) 양-涼秋(양추)
諒(량)	량-海諒(해량) 양-諒解(양해)	慮(려)	려-憂慮(우려) 여-慮外(여외)	勵(려)	려-獎勵(장려) 여-勵行(여행)
曆(력)	력-陽曆(양력) 역-曆書(역서)	蓮(련)	련-水蓮(수련) 연-蓮根(연근)	戀(련)	련-悲戀(비련) 연-戀情(연정)
劣(렬)	렬-拙劣(졸렬) 열-劣等(열등)	廉(렴)	렴-淸廉(청렴) 염-廉恥(염치)	嶺(령)	령-大關嶺(대관령) 영-嶺東(영동)

동자이음(同字異音) 한자

降	내릴 항복할	강 항	降雨(강우) 降伏(항복)	更	다시 고칠	갱 경	갱생(更生) 경장(更張)
車	수레 수레	거 차	車馬(거마) 車票(차표)	乾	하늘, 마를 마를	건 간	乾燥(건조) 乾物(간물)
見	볼 나타날, 뵐	견 현	見聞(견문) 謁見(알현)	串	버릇 땅이름	관 곶	串童(관동) 甲串(갑곶)
告	알릴 뵙고청할	고 곡	告示(고시) 告寧(곡녕)	奈	나락 어찌	나 내	奈落(나락) 奈何(내하)
帑	처자 나라곳집	노 탕	妻帑(처노) 帑庫(탕고)	茶	차 차	다 차	茶菓(다과) 茶禮(차례)
宅	댁 집	댁 택	宅內(댁내) 宅地(택지)	度	법도 헤아릴	도 탁	度數(도수) 忖度(촌탁)
讀	읽을 구절	독 두	讀書(독서) 吏讀(이두)	洞	마을 통할	동 통	洞里(동리) 洞察(통찰)
屯	모일 어려울	둔 준	屯田(둔전) 屯困(준곤)	反	돌이킬 뒤집을	반 번	反亂(반란) 反田(번전)
魄	넋 넋잃을	백 탁/박	魂魄(혼백) 落魄(낙탁)	便	똥오줌 편할	변 편	便所(변소) 便利(편리)
復	회복할 다시	복 부	復歸(복귀) 復活(부활)	父	아비 남자미칭	부 보	父母(부모) 尙父(상보)
否	아닐 막힐	부 비	否決(부결) 否塞(비색)	北	북녘 달아날	북 패	北進(북진) 敗北(패배)
分	나눌 단위	분 푼	分裂(분열) 分錢(푼전)	不	아니 아닐	불 부	不能(불능) 不在(부재)
沸	끓을 물용솟음칠	비 불	沸騰(비등) 沸水(불수)	寺	절 내시, 관청	사 시	寺刹(사찰) 寺人(시인)
殺	죽일 감할	살 쇄	殺生(살생) 殺到(쇄도)	狀	모양 문서	상 장	狀況(상황) 狀啓(장계)

索	찾을 쓸쓸할	색 삭	索引(색인) 索莫(삭막)	塞	막을 변방	색 새	塞源(색원) 要塞(요새)
說	말씀 달랠 기뻐할	설 세 열	說得(설득) 說客(세객) 說喜(열희)	省	살필 덜	성 생	省墓(성묘) 省略(생략)
率	거느릴 비율	솔 률/율	率先(솔선) 率身(율신)	衰	쇠할 상복	쇠 최	衰退(쇠퇴) 衰服(최복)
數	셀 자주 촘촘할	수 삭 촉	數學(수학) 數窮(삭궁) 數罟(촉고)	宿	잘 별	숙 수	宿泊(숙박) 宿曜(수요)
拾	주울 열	습 십	拾得(습득) 拾萬(십만)	瑟	악기이름 악기이름	슬 실	瑟居(슬거) 琴瑟(금실)
食	밥 먹일	식 사	食堂(식당) 簞食(단사)	識	알 기록할	식 지	識見(식견) 標識(표지)
什	열사람 세간	십 집	什長(십장) 什器(집기)	十	열	십 시	十干(십간) 十月(시월)
惡	악할 미워할	악 오	惡漢(악한) 惡寒(오한)	樂	풍류 즐길 좋아할	악 낙/락 요	樂聖(악성) 樂園(낙원)
若	만약 반야	약 야	若干(약간) 般若(반야)	於	어조사 탄식할	어 오	於是乎(어시호) 於兎(오토)
厭	싫어할 누를	염 엽	厭世(염세) 厭然(엽연)	葉	잎 성씨	엽 섭	葉書(엽서) 葉氏(섭씨)
六	여섯 여섯	육/륙 유/뉴	六年(육년) 六月(유월)	易	쉬울 바꿀, 주역	이 역	易慢(이만) 易學(역학)
咽	목구멍 목멜	인 열	咽喉(인후) 嗚咽(오열)	刺	찌를 수라 찌를	자 라 척	刺戟(자극) 水刺(수라) 刺殺(척살)
炙	구울 고기구이	자 적	炙背(자배) 炙鐵(적철)	著	지을 붙을	저 착	著述(저술) 著近(착근)
抵	막을 칠	저 지	抵抗(저항) 抵掌(지장)	切	끊을 모두	절 체	切迫(절박) 一切(일체)

한자	훈	음	예	한자	훈	음	예
提	끌 보리수 떼지어날	제 리 시	提携(제휴) 菩提樹(보리수) 提提(시시)	辰	지지 일월성	진 신	辰時(진시) 生辰(생신)
斟	술따를 짐작할	짐 침	斟酌(짐작) 斟量(침량)	徵	부를 음률이름	징 치	徵兵(징병)
差	어긋날 층질	차 치	差別(차별) 參差(참치)	帖	문서 체지	첩 체	帖着(첩착) 帖文(체문)
諦	살필 울	체 제	諦念(체념) 眞諦(진제)	丑	소 추	축	丑時(축시) 公孫丑(공손추)
則	법 곧	칙 즉	則效(칙효) 然則(연즉)	沈	가라앉을 성씨	침 심	沈沒(침몰) 沈氏(심씨)
拓	박을 넓힐	탁 척	拓本(탁본) 拓殖(척식)	罷	그만둘 고달플	파 피	罷業(파업) 罷勞(피로)
編	엮을 땋을	편 변	編輯(편집) 編髮(변발)	布	베 베풀	포 보	布木(포목) 布施(보시)
暴	사나울 사나울	폭 포	暴動(폭동) 暴惡(포악)	曝	볕쬘 볕쬘	폭 포	曝衣(폭의) 曝白(포백)
皮	가죽 가죽	피 비	皮革(피혁) 鹿皮(녹비)	行	다닐 항렬·줄	행 항	行樂(행락) 行列(항렬)
陝	좁을 땅이름	협 합	陝隘(협애) 陝川(합천)	滑	미끄러울 어지러울	활 골	滑降(활강) 滑稽(골계)

약자(略字)·속자(俗字)

假=仮 (거짓 가)
價=価 (값 가)
覺=覚 (깨달을 각)
擧=挙 (들 거)
據=拠 (의지할 거)
輕=軽 (가벼울 경)
經=経 (경서 경)
徑=径 (지름길 경)
鷄=雞 (닭 계)
繼=継 (이를 계)
館=舘 (집 관)
關=関 (빗장 관)
廣=広 (넓을 광)
敎=教 (가르칠 교)
區=区 (구역 구)
舊=旧 (예 구)
驅=駆 (몰 구)
國=国 (나라 국)
權=権 (권세 권)
勸=勧 (권할 권)
龜=亀 (거북 귀)
氣=気 (기운 기)
旣=既 (이미 기)
內=内 (안 내)
單=単 (홑 단)
團=団 (둥글 단)
斷=断 (끊을 단)
擔=担 (멜 담)
當=当 (당할 당)
黨=党 (무리 당)
對=対 (대할 대)
德=徳 (큰 덕)
圖=図 (그림 도)
讀=読 (읽을 독)
獨=独 (홀로 독)
樂=楽 (즐길 락)
亂=乱 (어지러울 란)
覽=覧 (볼 람)
來=来 (올 래)
兩=両 (두 량)
凉=涼 (서늘할 량)
勵=励 (힘쓸 려)
歷=歴 (지날 력)
練=練 (익힐 련)
戀=恋 (사모할 련)

靈=灵 (신령 령)
禮=礼 (예도 례)
勞=労 (수고로울 로)
爐=炉 (화로 로)
綠=緑 (푸를 록)
賴=頼 (의지할 뢰)
龍=竜 (용 룡)
樓=楼 (다락 루)
稟=禀 (삼갈·사뢸 품)
萬=万 (일만 만)
滿=満 (찰 만)
蠻=蛮 (오랑캐 만)
賣=売 (팔 매)
麥=麦 (보리 맥)
半=半 (반 반)
發=発 (필 발)
拜=拝 (절 배)
變=変 (변할 변)
辯=弁 (말잘할 변)
邊=辺 (가 변)
竝=並 (아우를 병)
寶=宝 (보배 보)
拂=払 (떨칠 불)
佛=仏 (부처 불)
氷=氷 (어름 빙)
絲=糸 (실 사)
寫=写 (베낄 사)
辭=辞 (말씀 사)
雙=双 (짝 쌍)
敍=叙 (펼 서)
潟=鳥 (개펄 석)
釋=釈 (풀 석)
聲=声 (소리 성)
續=続 (이을 속)
屬=属 (붙을 속)
收=収 (거둘 수)
數=数 (수 수)
輸=輸 (보낼 수)
肅=粛 (삼갈 숙)
濕=湿 (젖을 습)
乘=乗 (탈 승)
實=実 (열매 실)
兒=児 (아이 아)
亞=亜 (버금 아)
惡=悪 (악할 악)

嚴=岩 (바위 암)
壓=圧 (누를 압)
藥=薬 (약 약)
讓=譲 (사양할 양)
嚴=厳 (엄할 엄)
餘=余 (남을 여)
與=与 (줄 여)
驛=駅 (정거장 역)
譯=訳 (통역할 역)
鹽=塩 (소금 염)
榮=栄 (영화 영)
豫=予 (미리 예)
藝=芸 (재주 예)
溫=温 (따뜻할 온)
圓=円 (둥글 원)
圍=囲 (둘레 위)
爲=為 (하 위)
陰=陰 (그늘 음)
應=応 (응할 응)
醫=医 (의원 의)
貳=弐 (두 이)
壹=壱 (하나 일)
姊=姉 (누이 자)
殘=残 (남을 잔)
潛=潜 (잠길 잠)
雜=雑 (섞일 잡)
壯=壮 (씩씩할 장)
莊=庄 (별장 장)
爭=争 (다툴 쟁)
戰=戦 (싸움 전)
錢=銭 (돈 전)
傳=伝 (전할 전)
轉=転 (구를 전)
點=点 (점 점)
靜=静 (고요 정)
淨=浄 (깨끗할 정)
濟=済 (건널 제)
齊=斉 (다스릴 제)
條=条 (가지 조)
弔=吊 (조상할 조)
從=従 (쫓을 종)
晝=昼 (낮 주)
卽=即 (곧 즉)
增=増 (더할 증)
證=証 (증거 증)

眞=真 (참 진)
盡=尽 (다할 진)
晉=晋 (나라 진)
贊=賛 (찬성할 찬)
讚=讃 (칭찬할 찬)
參=参 (참여할 참)
册=冊 (책 책)
處=処 (곳 처)
淺=浅 (얕을 천)
鐵=鉄 (쇠 철)
廳=庁 (관청 청)
體=体 (몸 체)
觸=触 (닿을 촉)
總=総 (다 총)
蟲=虫 (벌레 충)
齒=歯 (이 치)
恥=耻 (부끄러울 치)
稱=称 (일컬을 칭)
彈=弾 (탄할 탄)
澤=沢 (못 택)
擇=択 (가릴 택)
廢=廃 (폐할 폐)
豐=豊 (풍성할 풍)
學=学 (배울 학)
解=觧 (풀 해)
鄕=郷 (고을 향)
虛=虚 (빌 허)
獻=献 (드릴 헌)
驗=験 (증험할 험)
顯=顕 (나타날 현)
螢=蛍 (반딧불 형)
號=号 (부르짖을 호)
畫=画 (그림 화)
擴=拡 (늘릴 확)
歡=歓 (기쁠 환)
黃=黄 (누를 황)
會=会 (모을 회)
回=回 (돌아올 회)
效=効 (본받을 효)
黑=黒 (검을 흑)
戱=戯 (희롱할 희)

고사성어(古事成語)

家家戶戶(가가호호)	각 집, 각각의 집마다
刻舟求劍(각주구검)	배에 새겨 칼을 구함
肝膽相照(간담상조)	간과 쓸개가 서로 본다(격의 없이 지내는 사이)
甘言利說(감언이설)	남의 비위에 맞도록 꾸민 달콤한 말
乾坤一擲(건곤일척)	주사위를 한 번 던져 승패를 검
建陽多慶(건양다경)	새해가 시작됨에 경사스런 일이 많기를 바람
見利思義(견리사의)	눈앞의 이익을 보면 먼저 의리를 생각함
犬馬之誠(견마지성)	개와 말의 주인을 위한 충성
見善從之(견선종지)	선한 것을 보면 그것을 좇음
結者解之(결자해지)	맺은 사람이 풀어야 함
結草報恩(결초보은)	풀을 묶어서 은혜에 보답(죽은 뒤에라도 은혜를 갚음)
鷄卵有骨(계란유골)	계란이 곯았다(좋은 기회를 만나도 일이 잘 안 됨)
鷄肋(계륵)	닭갈비(버리기에는 아깝고 먹자니 별거 없음)
苦盡甘來(고진감래)	고생 끝에 즐거움이 옴
公平無私(공평무사)	공평하여 사사로움이 없음
過猶不及(과유불급)	지나침은 미치지 못함과 같음
管鮑之交(관포지교)	아주 친한 친구 사이의 사귐
矯角殺牛(교각살우)	소의 뿔을 바로 잡으려다가 소를 죽임
交友以信(교우이신)	벗을 믿음으로써 사귀어야 함
敎學相長(교학상장)	가르치고 배우면서 서로 성장함
句句節節(구구절절)	하나하나의 모든 구절(매우 상세하고 간곡함)
九死一生(구사일생)	아홉 번죽을 뻔하다가 겨우 살아남
群鷄一鶴(군계일학)	닭의 무리 가운데 한 마리의 학(무리 중 뛰어난 인물)
君臣有義(군신유의)	임금과 신하 사이에는 의리가 있어야 함
君爲臣綱(군위신강)	임금과 신하 사이에 마땅히 지켜야 할 도리
勸善懲惡(권선징악)	착한 것을 권하고 악을 응징함
捲土重來(권토중래)	어떤 일에 실패한 뒤 힘을 길러 다시 그 일을 시작함
金蘭之契(금란지계)	친구 사이의 매우 두터운 정
金蘭之交(금란지교)	친구 사이의 매우 두터운 정
今昔之感(금석지감)	지금과 옛날의 감정이 크게 달라짐

金石之交(금석지교)	쇠붙이와 돌처럼 굳고 변함없는 우정	
金枝玉葉(금지옥엽)	금으로 된 가지와 옥으로 된 잎(임금의 일족을 높임)	
起死回生(기사회생)	거의 죽을 뻔하다가 도로 살아남	
杞人之憂(기인지우)	기나라 사람의 걱정 근심	
奇貨可居(기화가거)	진기한 물건은 잘 간직하여 나중에 이익을 남기고 팜	
難兄難弟(난형난제)	서로 비슷비슷하여 우열이나 정도를 가리기 어려움	
男女老少(남녀노소)	남자와 여자와 늙은이와 젊은이	
老馬之智(노마지지)	늙은 말의 지혜	
多多益善(다다익선)	많으면 많을수록 좋음	
斷機戒(단기지계)	학문을 하다가 중도에 그만두면 아무 쓸모가 없음	
單刀直入(단도직입)	단칼로 쳐들어감(요점이나 문제의 핵심을 곧바로 말함)	
大器晩成(대기만성)	큰 그릇을 만드는 데는 시간이 오래 걸림	
獨不將軍(독불장군)	무슨 일이든지 제 생각대로 혼자 처리하는 사람	
讀書亡羊(독서망양)	글을 읽는 데 정신이 팔려 먹이고 있던 양을 잃음	
讀書尙友(독서상우)	책을 읽음으로써 옛 현인들과 벗이 될 수 있음	
冬去春來(동거춘래)	겨울이 가고 봄이 옴	
東問西答(동문서답)	질문과는 전혀 상관없는 엉뚱한 대답	
登龍門(등용문)	입신출세를 위한 어려운 관문이나 시험	
燈下不明(등하불명)	등잔 밑이 어둡다(가까이에서 일어난 일을 잘 모름)	
燈火可親(등화가친)	서늘한 가을밤은 등불을 가까이 하여 글 읽기에 좋음	
馬耳東風(마이동풍)	말의 귀에 동풍이 불어도 아랑곳하지 않음	
莫逆之交(막역지교)	서로 뜻이 잘 맞고 허물없는 아주 친한 사귐	
望雲之情(망운지정)	자식이 객지에서 고향에 계신 어버이를 그리는 마음	
亡子計齒(망자계치)	죽은 자식 나이 세기	
梅蘭菊竹(매난국죽)	매화와 난초와 국화와 대나무	
麥秀之嘆(맥수지탄)	보리가 팬 것을 보고 하는탄식(조국이 망한 것을 한탄)	
明明白白(명명백백)	아주 뚜렷함	
名山大川(명산대천)	이름난 산과 큰 내	
明若觀火(명약관화)	불을 보는 것처럼 분명하고 뻔함	
毛遂自薦(모수자천)	자기가 자기를 추천하는 것	
目不識丁(목불식정)	한자 중 쉬운 글자인 'ㅜ'자도 모를 정도로 무식함	
武陵桃源(무릉도원)	무릉에 있는 선경(중국 후난성 복숭아꽃이 만발한 낙원)	
墨守(묵수)	자기의 의견이나 주장을 굽히지 않고 굳게 지킴	
文房四友(문방사우)	글방의 네 가지 친구	
聞一知十(문일지십)	한 가지를 듣고 열 가지를 미루어 안다(지극히 총명함)	
尾生之信(미생지신)	융통성이 없이 약속만을 굳게 지키는 것	
反哺之孝(반포지효)	까마귀 새끼가 자라서 늙은 어미에게 먹이를 물어다 주는 효	

拔本塞源(발본색원)	좋지 않은 일의 근본 원인 요소를 완전히 없애 버림
蚌鷸之爭(방휼지쟁)	조개와 도요새의 싸움(둘이 싸우면 엉뚱한 제삼자가 이익)
背水之陣(배수지진)	물을 등지고 진을 침(싸움에 임한 비장한 각오)
百年大計(백년대계)	먼 장래까지 내다보고 세우는 큰 계획
百年河淸(백년하청)	어떤 일이 아무리 오랜 시간이 흘러도 이루어지기 어려움
伯牙絶絃(백아절현)	참다운 벗의 죽음을 슬퍼함
百折不屈(백절불굴)	수없이 많이 꺾여도 굴하지 않고 이겨 나감
步武堂堂(보무당당)	걸음걸이가 씩씩하고 활기참
夫婦有別(부부유별)	남편과 아내 사이에는 분별이 있어야 함
夫爲婦綱(부위부강)	남편과 아내 사이에 마땅히 지켜야 할 도리
父爲子綱(부위자강)	부모와 자식 사이에 마땅히 지켜야 할 도리
父子有親(부자유친)	아버지와 자식간에는 친함이 있어야 함
朋友有信(붕우유신)	친구 사이에는 믿음이 있어야 함
非一非再(비일비재)	한두 번이나 한둘이 아니고 많음
氷山一角(빙산일각)	빙산의 한 모서리(어떤 일이 숨겨져 극히 일부분만 드러남)
舍己從人(사기종인)	자신을 버리고 남을 따름
四面楚歌(사면초가)	적에게 완전히 포로가 되어 있는 상태
砂上樓閣(사상누각)	모래 위에 세운 누각(기초가 튼튼하지 못함)
師弟同行(사제동행)	스승과 제자가 함께 길을 감
蛇足(사족)	뱀의 다리를 그림(쓸데없는 군짓을 하여 도리어 잘못되게 함)
事親以孝(사친이효)	부모님을 효로써 섬겨야 함
四通八達(사통팔달)	도로망, 교통망, 통신망 따위가 이리저리 사방으로 통함
事必歸正(사필귀정)	모든 일은 반드시 바른길로 돌아가게 마련임
山高水長(산고수장)	덕행이나 지조의 깨끗함을 산과 강물에 비유
山戰水戰(산전수전)	세상일의 어려운 고비를 다 겪어 봄
殺身成仁(살신성인)	자기 몸을 희생하여 인을 이룸
三馬太守(삼마태수)	세 마리의 말만 거느린 태수(청빈한 관리)
三三五五(삼삼오오)	서너 사람이나 대여섯 사람씩 떼지어 다님
三人成虎(삼인성호)	근거 없는 말도 여럿이 하면 곧이듣게 됨

三日天下(삼일천하)	사흘 동안 천하를 얻음(짧은 기간 동안 정권을 잡음)
三尺童子(삼척동자)	키가 석자밖에 되지 않는 어린아이
三遷之敎(삼천지교)	맹자의 교육을 위해 그 어머니가 집을 세 번 옮김
塞翁之馬(새옹지마)	인간의 길흉화복은 변화가 무쌍하여 도무지 예측할 수 없음
先見之明(선견지명)	다가올 일을 미리 짐작하는 밝은 지혜
先公後私(선공후사)	공적인 일을 먼저 하고 사사로운 일은 나중에 함
雪膚花容(설부화용)	눈처럼 흰 살갗과 꽃처럼 고운 얼굴(아름다운 여자의 모습)
雪上加霜(설상가상)	눈이 내리는 위에 서리까지 더함(불행이 겹침)
小貪大失(소탐대실)	작은 것을 탐하다가 큰 것을 잃음
束手無策(속수무책)	어찌할 도리나 방책이 없어 꼼짝 못함
送舊迎新(송구영신)	묵은 해를 보내고 새해를 맞음
松茂栢悅(송무백열)	소나무가 무성하면 잣나무가 기뻐함(벗이 잘됨을 기뻐함)
首尾一貫(수미일관)	어떤 일을 처음부터 끝까지 한결같이 함
手不釋卷(수불석권)	손에서 책을 놓지 않음
水魚之交(수어지교)	물과 물고기의 관계(매우 친밀한 사이)
守株待兎(수주대토)	그루터기를 지키면서 토끼를 기다림
宿虎衝鼻(숙호충비)	자는 호랑이의 코를 찌름(공연히 건드려서 일을 그르침)
脣亡齒寒(순망치한)	입술이 없으면 이가 시림
是是非非(시시비비)	옳은 것을 옳다 하고 그른 것을 그르다 함
始終如一(시종여일)	처음과 끝이 한결 같음
身言書判(신언서판)	예전 인물을 골랐던 네 가지 조건(신수, 말씨, 문필, 판단력)
十中八九(십중팔구)	열 가운데 여덟이나 아홉이 그렇다(대개가 그러함)
我田引水(아전인수)	자기 논에 물 댐(자기에게 이롭게 되도록 행동함)
安貧樂道(안빈낙도)	가난한 생활을 하면서도 편안한 마음으로 도를 지킴
眼下無人(안하무인)	눈아래 보이는 사람이 없다(방자하고 교만함)
愛人如己(애인여기)	남을 자기 몸처럼 사랑함
愛之重之(애지중지)	매우 사랑하고 소중히 여김
藥房甘草(약방감초)	한약에는 감초를 넣는 일이 많아 한약방에는 항상 감초가 있음
羊頭狗肉(양두구육)	양 머리를 걸어놓고 개고기를 팜
良藥苦口(양약고구)	좋은 약은 입에 씀
魚頭肉尾(어두육미)	물고기는 머리 쪽이, 짐승은 꼬리 쪽이 맛이 있음
漁父之利(어부지리)	도요새와 조개가 서로 다투다가 어부에게 둘다 잡힘
於異阿異(어이아이)	'어'다르고 '아'다름
億兆蒼生(억조창생)	수많은 백성
言中有骨(언중유골)	말 속에 뼈가 있음
與民同樂(여민동락)	임금이 백성과 더불어 즐김
易地思之(역지사지)	남과 처지를 바꾸어 생각함(남의 입장에서 생각함)

年年歲歲(연년세세)	해마다 이어져 무궁토록
緣木求魚(연목구어)	나무에 올라가서 물고기를 구함(불가능한 일을 하려 함)
榮枯盛衰(영고성쇠)	세월이 흐름에 따라 변전하는 번영과 쇠락
五里霧中(오리무중)	오리 사방이 안개속(어디에 있는지 찾을 길이 없음)
吾鼻三尺(오비삼척)	내 코가 석 자
烏飛梨落(오비이락)	까마귀 날자 배 떨어짐(일이 공교롭게 때가 같아 의심을 받음)
五十步百(오십보백보)	오십보를 간 자나 백보를 간 자나 본질적으로 같음
烏合之卒(오합지졸)	임시로 모여들어 규율이 없고 무질서한 병졸 또는 군중
溫故知新(온고지신)	옛것을 익히고 그것을 통하여 새것을 앎
溫柔敦厚(온유돈후)	온화하고 부드럽고 돈독하고 두터움
臥薪嘗膽(와신상담)	섶에 누워 쓸개를 맛봄(복수를 위해 고난을 참고 견딤)
王兄佛兄(왕형불형)	살아서는 왕의 형이 되고 죽어서는 부처의 형이 됨
外柔內剛(외유내강)	겉으로는 부드럽고 순하나 속은 곧고 꿋꿋함
外華內貧(외화내빈)	겉으로는 화려하게 보이나 속으로는 빈곤하고 부실함
樂山樂水(요산요수)	산을 좋아하고 물을 좋아함
欲速不達(욕속부달)	일을 너무 빨리 하고자 서두르면 도리어 이루지 못함
龍頭蛇尾(용두사미)	머리는 용이나 꼬리는 뱀(처음은 좋으나 끝이 좋지 않음을)
愚公移山(우공이산)	어리석은 영감이 산을 옮김
牛耳讀經(우이독경)	소귀에 경 읽기
衛正斥邪(위정척사)	바른 것은 보호하고 간사한 것은 내침
韋編三絶(위편삼절)	책을 열심히 읽음
有口無言(유구무언)	입은 있으나 할 말이 없음
有名無實(유명무실)	이름만 그럴듯하고 실속은 없음
有備無患(유비무환)	미리 준비해 두면 근심할 것이 없음
流水不腐(유수불부)	흐르는 물은 썩지 않음
柳暗花明(유암화명)	버들은 무성하고 꽃은 활짝 피어 밝음
唯一無二(유일무이)	오직 하나만 있고 둘은 없음
有害無益(유해무익)	해롭기만 하고 이로움은 없음
隱忍自重(은인자중)	밖으로 드러내지 않고 속으로 참고 견디며 몸가짐을 신중히 함

陰德陽報(음덕양보)	남모르게 덕행을 쌓은 사람은 뒤에 그 보답을 받게 됨
泣兒授乳(읍아수유)	우는 아이에게 젖을 줌
意氣揚揚(의기양양)	기세가 등등하고 뽐내는 모양이 가득함
以德服人(이덕복인)	덕으로써 다른 사람을 복종시킴
以文會友(이문회우)	글로써 벗을 만남
以心傳心(이심전심)	마음과 마음으로 서로 뜻이 통함
以熱治熱(이열치열)	열을 열로 다스림
利害得失(이해득실)	이로움과 해로움 및 얻음과 잃음
人之常情(인지상정)	사람이면 누구나 가질 수 있는 보통의 마음이나 감정
一擧兩得(일거양득)	한 가지 일로 두 가지 이익을 얻음
一石二鳥(일석이조)	한 개의 돌로 두 마리새를 잡음
一進一退(일진일퇴)	한 번 나아갔다 한 번 물러섰다 함
日就月將(일취월장)	날로 달로 발전하거나 성장함
一片丹心(일편단심)	한 조각의 붉은 마음(오직 한 가지에 변함없는 마음)
立身揚名(입신양명)	출세하여 세상에 이름을 떨침
自强不息(자강불식)	스스로 힘써 몸과 마음을 가다듬고 쉬지 않음
子子孫孫(자자손손)	대대로 이어지는 여러 대의 자손
作心三日(작심삼일)	마음 먹은 것이 사흘 감
長幼有序(장유유서)	어른과 아이 사이에는 차례가 있어야 함
前途有望(전도유망)	앞으로 발전하고 성공할 가능성과 희망이 있음
轉禍爲福(전화위복)	화를 바꾸어 복이 되게 함
絶世佳人(절세가인)	당대에는 견줄 만한 상대가 없는 뛰어난 미인
絶長補短(절장보단)	긴 것을 잘라서 짧은 것을 보충함
切磋琢磨(절차탁마)	옥이나 뿔 따위를 갈고 닦아서 빛을 냄
頂門一鍼(정문일침)	정수리에 침 하나를 꽂음(따끔하고 매서운 충고)
正正堂堂(정정당당)	바르고 떳떳함
朝令暮改(조령모개)	아침에 내린 명령을 저녁에 다시 고침
朝變夕改(조변석개)	아침저녁으로 뜯어고침
朝三暮四(조삼모사)	자기의 이익을 위해 교활한 꾀를 써서 남을 속임
助長(조장)	억지로 힘을 무리하게 써 일을 그르침
坐不安席(좌불안석)	마음이 불안해서 자리에 가만히 앉아 있지를 못함
坐井觀天(좌정관천)	우물 속에 앉아 하늘을 봄
左衝右突(좌충우돌)	이리저리 마구 치고받고 부딪침
晝耕夜讀(주경야독)	낮에는 농사를 짓고 밤에는 글을 읽음
走馬看山(주마간산)	달리는 말위에서 산천을 구경함
酒池肉林(주지육림)	술이 연못을 이루고 고기가 숲을 이룸(사치하고 음란한 행동)
竹馬故友(죽마고우)	어릴 때에 대나무로 만든 말을 타고 놀던 친구

衆口難防(중구난방)	여러 사람의 입은 막기가 어렵다
知己之友(지기지우)	자기의 가치나 속마음을 잘 알아주는 참다운 벗
之東之西(지동지서)	줏대가 없이 이리저리 갈팡질팡함
芝蘭之交(지란지교)	지초와 난초의 사귐(벗 사이의 높고 맑은 사귐)
指鹿爲馬(지록위마)	사슴을 가리켜 말이라고 함
志在千里(지재천리)	뜻이 천리에 있음
知彼知己(지피지기)	적의 형편과 나의 형편을 다 자세히 앎
紙筆硯墨(지필연묵)	종이와 붓과 벼루와 먹
知行合一(지행합일)	지식과 행동이 하나로 합치됨
集小成多(집소성다)	작은 것을 모아서 많은 것을 이룸
借廳借閨(차청차규)	대청을 빌려 사는 사람이 점점 안방까지 들어감
天長地久(천장지구)	하늘과 땅처럼 오래가고 변함이 없음
千篇一律(천편일률)	여러 사물이 개성이 없이 모두 비슷비슷함
徹頭徹尾(철두철미)	처음부터 끝까지 빈틈없고 철저하게 함
晴耕雨讀(청경우독)	맑은 날은 논밭을 갈고 비오는 날은 책을 읽음
靑松綠竹(청송녹죽)	푸른 소나무와 푸른 대나무
靑雲之志(청운지지)	천자가 될 사람이 있는 곳에는 푸른구름이 깃들임
靑出於藍(청출어람)	푸른색은 쪽빛에서 나옴(스승보다 제자의 실력이 뛰어남)
淸風明月(청풍명월)	맑은 바람과 밝은 달
草綠同色(초록동색)	풀과 초록색은 같은 색
初志不變(초지불변)	처음의 뜻이 변하지 않음
推己及人(추기급인)	자신을 미루어 다른 사람에게 미침
追遠報本(추원보본)	조상의 덕을 추모하여 제사를 지내며 은혜를 갚음
秋風落葉(추풍낙엽)	가을바람에 흩어져 떨어지는 나뭇잎
出告反面(출고반면)	나갈 때는 아뢰고 돌아오면 뵘
親仁善隣(친인선린)	어진 사람을 가까이 하고 이웃과 사이좋게 지냄
他山之石(타산지석)	남의 산에 있는 돌이라도 나의 옥을 다듬는 데에 소용이 됨
泰山北斗(태산북두)	태산과 북두칠성처럼 모든 사람들이 우러러보는 존재
兎死狗烹(토사구팽)	토끼가 죽고 나면 사냥개를 삶아먹음

破邪顯正(파사현정)	사견이나 사도를 깨어 버리고 정도를 나타냄
破竹之勢(파죽지세)	대나무의 한끝을 쪼개듯 거침없이 적에게 진군하는 기세
風樹之嘆(풍수지탄)	어버이가 돌아가시어 효도하고 싶어도 할 수 없음
風前燈火(풍전등화)	바람 앞의 등불(사물이나 인생의 덧없음)
匹夫匹婦(필부필부)	평범한 남녀
學如不及(학여불급)	필요하지도 않고 급하지도 않음
學如逆水(학여역수)	배움은 물을 거슬러올라가는 것과 같음
漢江投石(한강투석)	한강에 돌던지기
咸興差使(함흥차사)	함흥으로 사신을 보냄
螢雪之功(형설지공)	고생 속에서도 꾸준히 공부하여 얻은 보람
兄弟投金(형제투금)	형제가 금을 강에 던짐
形形色色(형형색색)	모양이나 빛깔이 서로 다른 여러 가지
狐假虎威(호가호위)	여우가 호랑이의 힘을 빌려 잘난체하며 경솔하게 행동함
浩然之氣(호연지기)	사람의 마음에 차 있는 너르고 크고 올바른 기운
胡蝶夢(호접몽)	나비의 꿈(자아와 외물은 본디 하나라는 이치)
昏定晨省(혼정신성)	저녁에 자리를 펴드리고 새벽에 문안 인사를드림
畵龍點睛(화룡점정)	가장 중요한 부분을 마무리 지음
和而不同(화이부동)	남과 사이좋게 지내기는 하나 무턱대고 한데 어울리지 않는 일
會者定離(회자정리)	만난 사람은 반드시 헤어지게 됨
後生可畏(후생가외)	뒤에 난 사람은 두려워할 만하다
厚顔無恥(후안무치)	낯가죽이 두꺼워 뻔뻔하고 부끄러움을 모름
興亡盛衰(흥망성쇠)	흥하고 망함과 성하고 쇠함
興盡悲來(흥진비래)	즐거운 일이 다하면 슬픈 일이 옴
喜怒哀樂(희로애락)	기쁨과 성냄과 슬픔과 즐거움

명심보감 원본 쓰기

계선편

子曰　爲善者　天報之以福　爲不善者 天報之以禍

漢昭烈　將終　勅後主曰　勿以善小而不爲　勿以惡小而爲之

莊子曰　一日不念善　諸惡皆自起

太公曰　見善如渴　聞惡如聾　又曰 善事須貪　惡事莫樂

馬援曰　終身行善　善猶不足　一日行惡　惡自有餘

司馬溫公曰　積金以遺子孫　未必子孫能盡守　積書以遺子孫　未必子孫能盡讀　不如積陰德於冥冥之中　以爲子孫之計也

景行錄曰　恩義廣施　人生何處不相逢 讐怨莫結　路逢狹處難回避

莊子曰　於我善者　我亦善之　於我惡者 我亦善之　我旣於人無惡　人能於我無惡哉

東嶽聖帝垂訓曰 一日行善 福雖未至 禍自遠矣 一日行惡 禍雖未至 福自遠矣 行善之人 如春園之草 不見其長 日有所增 行惡之人 如磨刀之石 不見其損 日有所虧

子曰 見善如不及 見不善如探湯

천명편

子曰 順天者存 逆天者亡

節邵先生曰 天聽寂無音 蒼蒼何處尋 非高亦非遠 都只在人心

玄帝垂訓曰 人間私語 天聽若雷 暗室欺心 神目如電

益智書云 惡鑵若滿 天必誅之

莊子曰 若人作不善 得顯名者 人雖不害 天必戮之

種瓜得瓜 種豆得豆 天網恢恢 疎而不漏

子曰 獲罪於天 無所禱也

순명편

子曰 死生有命 富貴在天

萬事分已定　浮生空自忙

景行錄云　禍不可倖免　福不可再求

時來風送滕王閣　運退雷轟薦福碑

列子曰　癡聾痦啞家豪富　智慧聰明却受貧　年月日時該載定　算來由命不由人

효행편

詩曰　父兮生我　母兮鞠我　哀哀父母　生我劬勞　欲報深恩　昊天罔極

子曰　孝子之事親也　居則致其敬　養則致其樂　病則致其憂　喪則致其哀　祭則致其嚴

子曰　父母在　不遠遊　遊必有方

子曰　父命召　唯而不諾　食在口則吐之

太公曰　孝於親　子亦孝之　身旣不孝　子何孝焉

孝順還生孝順子　忤逆還生忤逆兒　不信但看簷頭水　點點滴滴不差移

정기편

性理書云 見人之善 而尋己之善 見人之惡 而尋己之惡 如此 方是有益

景行錄云 大丈夫當容人 無爲人所容

馬援曰 聞人之過失 如聞父母之名 耳可得聞 口不可言也

康節邵先生曰 聞人之謗 未嘗怒 聞人之譽 未嘗喜 聞人之惡 未嘗和 聞人之善 則就而和之 又從而喜之 其詩曰 樂見善人 樂聞善事 樂道善言 樂行善意 聞人之惡 如負芒刺 聞人之善 如佩蘭蕙

道吾善者 是吾賊 道吾惡者 是吾師

太公曰 勤爲無價之寶 愼是護身之符

景行錄曰 保生者 寡慾 保身者 避名 無慾易 無名難

子曰 君子有三戒 少之時 血氣未定

戒之在色 及其長也 血氣方剛 戒之在鬪 及其老也 血氣旣衰 戒之在得

孫眞人養生銘云 怒甚偏傷氣 思多太損神 神疲心易役 氣弱病相因 勿使悲歡極 當令飮食均 再三防夜醉 第一戒晨嗔

景行錄曰 食淡精神爽 心淸夢寐安

定心應物 雖不讀書 可以爲有德君子

近思錄云 懲忿 如救火 窒慾 如防水

夷堅志云 避色 如避讐 避風 如避箭 莫喫空心茶 少食中夜飯

荀子曰 無用之辯 不急之察 棄而勿治

子曰 衆好之 必察焉 衆惡之 必察焉

酒中不語 眞君子 財上分明 大丈夫

萬事從寬 其福自厚

太公曰 欲量他人 先須自量 傷人之語 還是自傷 含血噴人 先汚其口

凡戲無益 惟勤有功

太公曰 瓜田不納履 李下不整冠

景行錄曰 心可逸 形不可勞 道可常
樂心不可不憂 形不勞則怠惰易弊而憂勞
心休其可忘乎 憂則荒淫不定 故 逸生於 勞
樂可 生於憂 而無厭 逸樂者

耳不聞人之非 目不視人之短 口不言人之過 庶幾君子

蔡伯喈曰 喜怒在心 言出於口 不可不慎

宰予晝寢 子曰 朽木不可雕也 糞土之墻 不可圬也

紫虛元君誠諭心文曰 福生於清儉 德生於卑退 命生於和暢 生於
生於多慾 禍生於多貪 過生於輕慢 患
罪生於不仁 戒眼莫看他非 戒口

莫事有物而過宜心而可明守
身己奉長拒己事失之不驚之因可歎以
莫不尊敬來而
嗔說
貪妄莫父母物而遇算計
自莫孝順而望計相隨家亡可察之相隨
言王恕無識君未身多暗依勢禍節而生下神相之
心益之尊賢愚勿追聰明自失氣君之以警天暗有鬼戒之
戒無益為
他伴莫妄別而去思人之勸上臨法相繼可欺
談惡莫
莫隨德旣勿損守位王心

안분책

景	行	錄	云		知	足	可	樂		務	貪	則	憂	
濫	想		徒	傷	神		妄	動		反	致	禍		
知	足	常	足		終	身	不	辱		知	止	常	止	終身
無	恥													

書	曰		滿	招	損		謙	受	益	

安	分	吟	曰		安	分	身	無	辱		知	幾	心	自	閑
雖	居	人	世	上		却	是	出	人	間					

子	曰		不	在	其	位		不	謀	其	政

존심편

景行錄云 坐密室 如通衢 馭寸心 如六馬 可免過

擊壤詩云 富貴 如將智力求 仲尼 年少合封侯 世人 不解靑天意 空使身心半夜愁

范忠宣公 戒子弟曰 人雖至愚 責人則明 雖有聰明 恕己則昏 爾曹 但常以責人之心 責己 恕己之心 恕人則不患不到聖賢地位也

子曰 聰明思睿 守之以愚 功被天下 守之以讓 勇力振世 守之以怯 富有四海 守之以謙

素書云 薄施厚望者 不報 貴而忘賤者 不久

施恩 勿求報 與人 勿追悔

孫思邈曰 膽欲大而心欲小 知欲圓而行欲方

念念要如臨戰日 心心常似過橋時

懼法朝朝樂 欺公日日憂

朱文公曰　守口如瓶　防意如城

心不負人　面無愧色

人無百歲人　枉作千年計

寇萊公六悔銘云　官行私曲失時悔　富
不儉用貧時悔　藝不少學過時悔　見事
不學用時悔　醉後狂言醒時悔　安不將
息病時悔

益智書云　寧無事而家貧　莫有事而家
富　　寧無事而住茅屋　不有事而住金屋
　　寧無病而食麤飯　不有病而服良藥

心安茅屋穩　性定菜羹香

景行錄云　責人者　不全交　自恕者
　　不改過

夙興夜寐　所思忠孝者　人不知　天必
知之　　飽食煖衣　怡然自衛者　身雖安
　其如子孫　何

以愛妻子之心　事親　則曲盡其孝　以
保富貴之心　奉君　則無往不忠　以責
人之心　責己　則寡過　以恕己之心
恕人　則全交

爾謀不臧 悔之何及 爾見不長 教之何益 利心專則背道 私意確則滅公
生事事生 省事事省

계성편

景行錄云 人性如水 水一傾則不可復 性一縱則不可反 制水者 必以堤防 制性者 必以禮法

忍一時之忿 免百日之憂

得忍且忍 得戒且戒 不忍不戒 小事成大

愚濁生嗔怒 皆因理不通 休添心上火 只作耳邊風 長短家家有 炎涼處處同 是非無實相 究竟摠成空

子張欲行 辭於夫子 願賜一言爲修身之美 子曰 百行之本 忍之爲上 子張曰 何爲忍之 子曰 天子忍之國無害 諸侯忍之成其大 官吏忍之進其位 兄弟忍之家富貴 夫妻忍之終其世 朋友忍之名不廢 自身忍之無禍害

子張曰 不忍則如何 子曰 天子不忍

忍不身難　國不忍　空刑法令不忍難忍　諸誅兄子孤患不非　侯不弟朋友除人不忍　不忍不忍子張日不忍　喪其各分情善非人　其軀居意疎哉善哉　官吏夫妻自　不

景必行遇錄敵云　　屈己者　　能處重　　好勝者

惡心還人清還　罵閉從己　善人罵者身墜　善人口熱沸　摠不對正如人　不對人唾天　

我不脣若救舌　被人罵自然滅　佯聾我心　不分說等虛空　譬如火燒摠爾虛空翻

凡事　　留人情　　後來　　好相見

근학편

子日其中矣　　博學而篤志　　切問而近思　　仁在

莊智子四日海　　人之不學如披祥雲而觀青天　　登天而無登高山而　　學而望

禮記日　　玉不琢　　不成器　　人不學　　不

知道

太公曰 人生不學 冥冥如夜行

韓文公曰 人不通古今 馬牛而襟裾

朱文公曰 家若貧 不可因貧而廢學 家若富 不可恃富而怠學 貧若勤學 可以立身 富若勤學 名乃光榮 惟見學者顯達 不見學者無成 學者乃身之寶 學者乃世之珍 是故 學者則乃爲君子 不學則爲小人 後之學者 各勉之

徽宗皇帝曰 學者 如禾如稻 不學者 如蒿如草 如禾如稻兮 國之精糧 世之大寶 如蒿如草兮 耕者憎嫌 鋤者煩惱 他日面墻 悔之已老

論語曰 學如不及 猶恐失之

훈자편

景行錄云 賓客不來 門戶俗 詩書無教 子孫愚

莊子曰 事雖小 不作不成 子雖賢 不教不明

漢書云 黃金滿籯 不如教子一經 賜

子千金 不如敎子一藝

至樂 莫如讀書 至要 莫如敎子

呂榮公曰 內無賢父兄 外無嚴師友 而能有成者 鮮矣

太公曰 男子失敎 長必頑愚 女子失敎 長必麤疎

男年長大 莫習樂酒 女年長大 莫令遊走

嚴父 出孝子 嚴母 出孝女 憐兒多與棒 憎兒多與食 人皆愛珠玉 我愛子孫賢

성심편(상)

景行錄云 寶貨 用之有盡 忠孝 享之無窮

家和貧也好 不義(誼)富如何 但存一子孝 何用子孫多

父不憂心因子孝 夫無煩惱是妻賢 言多語失皆因酒 義斷親疎只爲錢

旣取非常樂 須防不測憂

得寵思辱 居安慮危

榮輕辱淺　利重害深

甚愛必甚費　甚譽必甚毀　甚喜必甚憂　甚贓必甚亡

子曰　不觀高崖　何以知顚墜之患　不臨深泉　何以知沒溺之患　不觀巨海　何以知風波之患

欲知未來　先察已然

子曰　明鏡　所以察形　往古　所以知今

過去事　明如鏡　未來事　暗似漆

景行錄云　明朝之事　薄暮不可必　薄暮之事　晡時不可必

天有不測風雨　人有朝夕禍福

未歸三尺土　難保百年身　已歸三尺土　難保百年墳

景行錄云　木有所養　則根本固而枝葉茂　棟樑之材成　水有所養　則泉源壯而流派長　灌漑之利博　人有所養　則志氣大而識見明　忠義之士出　可不養哉

自信者　人亦信之　吳越　皆兄弟　自疑者　人亦疑之　身外　皆敵國

疑人莫用　用人勿疑

諷諫云　水底魚天邊雁　高可射兮低可釣　惟有人心咫尺間　咫尺人心不可料

畫虎畫皮難畫骨　知人知面不知心

對面共話　心隔千山

海枯終見底　人死不知心

太公曰　凡人　不可逆相　海水　不可斗量

景行錄云　結怨於人　謂之種禍　捨善不爲　謂之自賊

若聽一面說　便見相離別

飽煖　思淫慾　飢寒　發道心

廣曰　賢人多財則損其志　愚人多財則益其過

人貧智短　福至心靈

不經一事　不長一智

是非終日有　不聽自然無

來說是非者　便是是非人

擊壤詩云　平生不作皺眉事　世上應無切齒人　大名豈有鐫頑石　路上行口勝碑

有麝自然香　何必當風立

有福莫享盡　福盡身貧窮　有勢莫使盡
勢盡冤相逢　福分常自惜　勢分常自恭
　　人生驕與侈　有始多無終

王參政四留銘曰　留有餘不盡之祿　巧以
還　造物留有餘不　盡之　以還朝廷　留有餘不
留　有餘不盡之財　以還百姓　　留有餘不
盡之福　以還子孫

黃金千兩未爲貴　得人一語勝千金

巧者拙之奴　苦者樂之母

小船難堪重載　深逕不宜獨行

黃金未是貴　安樂値錢多

在家不會邀賓客　出外方知少主人

貧居鬧市無相識　富住深山有遠親

人義　盡從貧處斷　世情　便向有錢家

寧塞無底缸　難塞鼻下橫

人情　皆爲窘中疎

史記曰　郊天禮廟　非酒不享　君臣朋友　非酒不義　鬪爭相和　非酒不勸　故　酒有成敗而不可汎飮之

子曰　士志於道而恥惡衣惡食者　未足與議也

荀子曰　士有妬友則賢交不親　君有妬臣則賢人不至

天不生無祿之人　地不長無名之草

大富　由天　小富　由勤

成家之兒　惜糞如金　敗家之兒　用金如糞

康節邵先生曰　閑居　愼勿說無妨　纔說無妨便有妨　爽口物多能作疾　快心事過必有殃　與其病後能服藥　不若病前能自防

梓潼帝君垂訓曰　妙藥難醫冤債病莫有怨
橫財害人遠在兒孫害人人害汝休嗔近在身
帝君不富命窮人　生事事生君莫怨
　　　　　　　　天地自然皆有報

花落花開開又落　錦衣布衣更換著　豪
家扶人勸君凡事莫怨天　天意於人無厚
薄

堪歎人心毒似蛇　誰知天眼轉如車　去
年妄取東鄰物　今日還歸北舍家　無義
錢財湯潑雪　儻來田地水推沙
若將狡譎爲生計　恰似朝開暮落花

無藥可醫卿相壽　有錢難買子孫賢

성심편(하)

真宗皇帝御製曰　知危識險　終無羅網
之門　舉善薦賢　自有安身之路　施仁
布德　乃世代之榮昌　懷妒報冤　與子
孫之危患　損人利己　豈有長久富貴
害眾成家　巧語而生　禍起傷身
皆因　　　　　　　　　　改名異體
　　　　　　　　　　　皆是不仁之
召

神宗皇帝御製曰 遠非道之財 戒過度
之酒 居必擇隣 交必宣於口 嫉妬勿
起於心 讒言勿 富者莫厚 克己 骨肉貧者 儉往之治
莫疎先 他人愛衆 以謙和爲首 常思朕之 以勤
爲非 每念未來之咎 若依 斯言
國家 而可久

高宗皇帝御製曰 一言 一星之火 能燒萬頃
之薪 半句非 誤損平生之德 身被
一縷 常思織女之勞 日食三 飧(飱) 每
念農夫之苦 苟貪妬損 終無十 載安康慶
積善存仁 必有榮華 後裔 福緣善 實
多因 積行而生 入聖超凡 盡是眞
而得

王良曰 欲知其君 先視其臣 欲識其
人 先視其友 欲知其父 先視其子
君聖臣忠 父慈子孝

家語云 水至淸則無魚 人至察則無徒

許敬宗曰 春雨如膏 行人惡其泥
濘 秋月揚輝 盜者 憎其照鑑

景行錄云 大丈夫見善明故 重名節於

泰山　用心精故　輕死生於鴻毛

悶人之凶　樂人之善　濟人之急　求人之危

經目之事　恐未皆眞　背後之言　豈足深信

不恨自家汲繩短　只恨他家苦井深

贓濫滿天下　罪拘薄福人

天若改常　不風則雨　人若改常　不病則死

壯元詩云　國正天心順　官淸民自安　妻賢夫禍少　子孝父心寬

子曰　木從繩則直　人受諫則聖

一派靑山景色幽　前人田土後人收　後人收得莫歡喜　更有收人在後頭

蘇東坡曰　無故而得千金　不有大福必有大禍

康節邵先生曰　有人來問卜　如何是禍福　我虧人是禍　人虧我是福

大廈千間　夜臥八尺　良田萬頃　日食

二升

久住令人賤 頻來親也疎 但看三五日相見不如初

渴時一滴如甘露 醉後添盃不如無

公心若比私心 何事不辨 道念若同情念 成佛多時

濂溪先生曰 巧者言拙者黙 巧者勞拙者逸 巧者賊拙者德 巧者凶拙者吉 嗚呼 天下拙 刑政撤 上安下順 風清弊絶

易曰 德微而位尊 智小而謀大 無禍者鮮矣

說苑曰 官怠於宦成 病加於小愈 禍生於懈惰 孝衰於妻子 察此四者 愼終如始

器滿則溢 人滿則喪

尺璧非寶 寸陰是競

羊羹雖美 衆口難調

益智書云 白玉投於泥塗 不能污穢

其色 君子 行於濁地 不能染亂其心
　故 松柏 可以耐雪霜 明智 可以
涉危難

入山擒虎 易 開口告人 難

遠水 不救近火 遠親 不如近隣

太公曰 日月 雖明 不照覆盆之下
刀刃 雖快 不斬無罪之人 非災橫禍
　不入愼家之門

太公曰 良田萬頃 不如薄藝隨身

性理書云 接物之要 己所不欲 勿施
於人 行有不得 反求諸己

酒色財氣四堵墻 多少賢愚在內廂 若
有世人跳得出 便是神仙不死方

입교편

子曰 立身有義 而孝爲本 喪紀有禮
　而哀爲本 戰陣有列 而勇爲本 治
政有理 而農爲本 居國有道 而嗣爲
本 　生財有時 而力爲本

景行錄云 爲政之要 曰公與淸 成家
之道 曰儉與勤

讀書 起家之本 循理 保家之本 勤儉 治家之本 和順 齊家之本

孔子三計圖云 一生之計 在於幼 一年之計 在於春 一日之計 在於寅 幼而不學 老無所知 春若不耕 秋無所望 寅若不起 日無所辦

性理書云 五敎之目 父子有親 君臣有義 夫婦有別 長幼有序 朋友有信

三綱 君爲臣綱 父爲子綱 夫爲婦綱

王蠋曰 忠臣 不事二君 烈女 不更二夫

忠子曰 治官 莫若平 臨財 莫若廉

張思叔座右銘曰 凡語 必忠信 凡行必篤敬 飮食 必愼節 字畫 必楷正 容貌 必端莊 衣冠 必肅整 步履 必安詳 居處 必正靜 作事 必謀始 出言 必顧行 常德 必固持 然諾 必重應 見善如己出 見惡如己病 凡此十四者 皆我未深省 書此當

座隅　朝夕視爲警

范益謙座右銘曰，一不言朝廷利害邊報差除，二不言州縣官員長短得失，三不言衆人所作過惡之事，四不言仕進官職趨時附勢，五不言財利多少厭貧求富，六不言淫媟戲慢評論女色，七不言求覓人物干索酒食。又人付書信不可開拆沈滯，與人並坐不可窺人私書，凡入人家不可看人文字，凡借人物不可損壞不還，凡喫飲食不可揀擇去取，與人同處不可自擇便利，凡人富貴不可歎羨詆毀，凡此數事有犯之者，足以見用意之不肖，於存心修身大有所害，因書以自警。

武王問太公曰，人居世上，何得貴賤貧富不等，願聞說之，欲知是矣。太公曰，富貴如聖人之德，皆由天命，富者用之有節，不富者家有十盜。

武王曰，何謂十盜。太公曰，時熟不收爲一盜，收積不了爲二盜，無事燃燈寢睡爲三盜，慵懶不耕爲四盜，不施功力爲五盜，專行巧害爲六盜，養女太多爲七盜，晝眠懶起爲八盜，貪酒嗜慾爲九盜，強行嫉妬爲十盜。

太名亂撒 如何鼠雀抛撒 者 富不 而不耗漏濫時 盜有三倉庫 十必有種失 無家 家人 太公曰 耗一爲穢賤 王曰 武公三食米穀

何王曰蓋二耗 武不爲

太五失其禍 如四招其 何痴自 者三 富二錯誤 而不一愚 耗九 三必有八賤 無家 家人七不祥降殃 王曰 武公逆六非 不天

太公曰 公訓未語夜起赤身騎 養二誤先笑愛愚甚美 男不初 教迎爲他

聞之孩爲三痴 爲五逆 太公曰爲七人 公二爲夜起 養男不初誤先笑 教迎身爲他 悉錯嚴訓父母好挽他弓喫他酒勸他強武王曰 願一行不養賤命朋言也 王曰 婦不失 武訓新四爲馬喫誠 爲六不祥 爲八他哉 飯是

치정편

唐太宗御製云 上有麾之 中有乘之 之俸爾天難欺
下爾祿 附之民膏 幣帛民脂 衣之下民 倉廩食之 易虐上

童蒙訓曰 當官之法 唯有三事 曰淸身曰愼曰勤 知此三者 則知所以持身矣

當官者 必以暴怒爲戒 事有不可 當詳處之 必無不中 若先暴怒 只能自害 豈能害人

事君如事親 事官長如事兄 與同僚如家人 待羣吏如奴僕 愛百姓如妻子 處官事如家事然後 能盡吾心 如有毫末不至 皆吾心有所未盡也

或問 簿佐令者也 簿所欲爲 令或不從 奈何 伊川先生曰 當以誠意動之 今令與簿不和 便是爭私意 事之是邑之長 若不能以事父兄之道 積此誠過則歸己 豈有不善則唯恐不歸於令 意 動得人

劉安禮問臨民 明道先生曰 使民各得輸其情 問御吏 曰 正己以格物

抱朴子曰 迎斧鉞而正諫 據鼎鑊而盡言 此謂忠臣也

치가편

司馬溫公曰 凡諸卑幼 事無大小 毋得專行 必咨稟於家長

待客不得不豊 治家不得不儉

太公曰 痴人畏婦 賢女敬夫

凡使奴僕 先念飢寒

子孝雙親樂 家和萬事成

時時防火發 夜夜備賊來

景行錄云 觀朝夕之早晏 可以卜人家之興替

文中子曰 婚娶而論財 夷虜之道也

안의편

顔氏家訓曰 夫有人民而後有夫婦 有夫婦而後有父子 有父子而後有兄弟 一家之親 此三者而已矣 自茲以往 至于九族 皆本於三親焉 故於人倫爲重也 不可不篤

莊子曰 兄弟爲手足 夫婦爲衣服 衣服破時 更得新 手足斷處 難可續

蘇東坡云 富不親兮貧不疎 此是人間大丈夫 富則進兮貧則退 此是人間眞小輩

준례편

子曰 居家有禮故 長幼辨 閨門有禮故 三族和 朝廷有禮故 官爵序 田獵有禮故 戎事閑 軍旅有禮故 武功成

子曰 君子有勇而無禮 爲亂 小人有勇而無禮 爲盜

曾子曰 朝廷 莫如爵 鄕黨 莫如齒 輔世長民 莫如德

老少長幼 天分秩序 不可悖理而傷道也

出門 如見大賓 入室 如有人

若要人重我 無過我重人

父不言子之德 子不談父之過

劉會曰 言不中理 不如不言

一言不中 千語無用

君平曰 口舌者 禍患之門 滅身之斧

也

利人之言 煖如綿絮 傷人之語 如荊棘 一言利人 重值千金 一語傷人 痛如刀割

口是傷人斧 言是割舌刀 閉口深藏舌 安身處處牢

逢人 且說三分話 未可全拋一片心 不怕虎生三個口 只恐人情兩樣心

酒逢知己千鍾少 話不投機一句多

교우편

子曰 與善人居 如入芝蘭之室 久而不聞其香 卽與之化矣 與不善人居 如入鮑魚之肆 久而不聞其臭 亦與之化矣 丹之所藏者 赤 漆之所藏者 黑 是以 君子 必愼其所與處者焉

家語云 與好人同行 如霧露中行 雖不濕衣 時時有潤 與無識人同行 雖如廁中坐 時時聞臭

子曰 晏平仲 善與人交 久而敬之

相識 滿天下 知心能幾人

酒食兄弟　千個有　急難之朋　一個無

不結子花　休要種　無義之朋　不可交

君子之交　淡如水　小人之交　甘若醴

路遙知馬力　日久見人心

부행편

益智書云　女有四德之譽　一曰婦德
二曰婦容　三曰婦言　四曰婦工也

婦德者　不必才名絶異　婦容者　不必
顏色美麗　婦言者　不必辯口利詞　婦
工者　不必技巧過人也

其婦德者　清貞廉節　守分整齊　其婦
德者　清貞廉節　守分整齊　行止有恥
　　動靜有法　此爲婦德也　婦容者　洗
浣塵垢　衣服鮮潔　沐浴及時　一身無
穢　此爲婦容也　婦言者　擇詞而說
不談非禮　時然後言　人不厭其言　此
爲婦言也　婦工者　專勤紡績　勿好葷工也
酒　供具甘旨　以奉賓客　此爲婦工也

此四德者　是婦人之所不可缺者　爲之
甚易　務之在正　依此而行　是爲婦節

太公曰　婦人之禮　語必細

賢婦　令夫貴　佞婦　令夫賤

家有賢妻　夫不遭橫禍

賢婦　和六親　佞婦　破六親

증보편

周易曰　善不積　不足以成名　惡不積
　不足以滅身　小人　以小善　爲无益
而弗爲也　以小惡　爲无傷而弗去也
故　惡積而不可掩　罪大而不可解

履霜　堅氷至　臣弑其君　子弑其父
非一朝一夕之事　其所由來者漸矣

팔반가

幼兒　或詈我　我心　覺懽喜　父母
嗔怒我　我心　反不甘　一喜懽一不甘
　待兒待父心何懸　勸君今日逢親怒
也應將親作兒看

兒曹　出千言　君聽常不厭　父母　一
開口　便道多閑管　非閑管親掛牽　皓

首白頭　多諳練　　勸君敬奉老人言　莫
敎乳口爭長短

幼兒尿糞穢　君心　無厭忌　老親涕唾
零　反有憎嫌意　六尺軀來何處　精爲
母血成汝體　勸君敬待老來人　壯時
爾　筋骨敞

看君晨入市　買餠又買餻　　少聞供父母
　多說供兒曹　親未啖兒先飽　子心
不比親光陰少　勸君多出買餠錢　供養白
頭

市間賣藥肆　惟有肥兒丸　未有壯親
　何故兩般看　兒亦病親亦病　醫兒
比　親命　割股還是親的肉　勸君亟保
雙

富貴　養親易　親常有未安　貧賤　養
兒難　兒不受飢寒　一條心兩條路　爲
兒終不如爲父　勸君養親如養兒　凡事
　莫推家不富

養親　　只二人　常與兄弟爭　養兒　雖父
十人　君皆獨自任　兒飽煖親常問力　當
母飢寒衣食　不在被君侵　勸君養親　須竭
初

孝高子 分識親 一誰曹 兒 有明兒 恩其待兒曹念暗信兒 不待漫君 君其名勸 慈其心分揚 十就子身 有君養君 親堂在

효행편(속)

母食醉 養母歸 以奪往鍾 家兒兒得 以王昔 人曰負奇日順之曰埋兒家 作妻乃甚 傭謂 妻順再 其食母難地容埋 與掘春 貧奪母得 家每可郊試 殆兒與遠 孫順有兒 山驚物 將聲鍾巨埋地五十

尚 為王紀 死以癒即立 濱病無咆之門 飢慰 母安慰 父盡發旋其 命 疫癘衣解之貲甚 荒年不食肉 値日醒之 德封嘉 尚德則事

饌肉 母 闕肉攫日 無鳶一 賣炭買肉歸忙投肉於庭 晚而鳶旣 孝至市至於家 貧日號 家一 氏悲 都都

日至秋月顆曉淚覺乘人歷每五者十顆曉不都主來林意柹十個以至家有柹乘俄而柹故而至此完以至都徨示問柹五遺乘彷以投宿嗜柹中得孝俟命終都家喜父亡諸窟感君尚以天命紅前訪柿曰藏八虎母之遮家紅答個過七是外紅前村而有意百不之門後時虎山飯己二者異出非有餘里祭述柹則心都謝喔喔索病昏百饋且故雞

염의편

而觀還署調二王之觀還也署調二聞以穀買印故汝天穀矣以官者以家吾家汝屬汝調印於汝綿與汝還穀已掌市官有署墮印汝綿綿然則綿還穀於市其綿鳶墮攫綿印觀者市弁棄於市賣鳶署調日曰為與汝讓賜爵綿攫綿日鳶觀于署調受吾相並賜印還歸汝吾曰人觀有署

兒石是楣婢數可驚付之門朝米可曰之驚一日中公等字聊在鼎無此天賜甚日賤錢少兩馱數書失變七兩數書即公躍獻柴可金洪踊者獻柴可金何

賜俯家自 不龍 心之昌 言天 言天 俯憐心之不在大 悉果劉良價取金子家 公 意之鼎内何來 價廉取之 公常爲良判書信非吾物 公曰 意之所之 鼎内何來 夜盜之 今感汝之 願後劉亦見 劉公悉言之 果天賜 俯憐其良心 不取 金子家大昌 姓劉 理之的 而不更小條誓 不還金 終爲憲宗國舅 俄而劉曰 盡取之 而施之更曰 昨夜之盜 劉公取而待 劉曰 伏勢發 公取也

高句麗平原王之女 幼時 好啼 王戲 曰嫁汝于愚溫達 及長 欲下嫁 於上部高氏 女固辭 行乞養溫達 爲溫達人 時自乃子頗富 山中之愚 以資溫達 多養馬 負楡皮而來 乃賣首飾 而買田宅器 吾物 女以爲妻 目蓋溫達也 一日 王訪見曰 終爲顯榮

권학편

朱子曰 勿謂今日不學而有來日 勿謂今年不學而有來年 日月逝矣 歲不我延 嗚呼老矣 是誰之愆

少年易老學難成 一寸光陰不可輕 未覺池塘春草夢 階前梧葉已秋聲

陶淵明詩云 盛年不重來 一日難再晨 及時當勉勵 歲月不待人

荀子曰 不積蹞步 無以至千里 不積小流 無以成江河

부수명칭(部首名稱)

	1획				
一	한 일	大	큰 대	木	나무 목
丨	뚫을 곤	女	계집 녀	欠	하품 흠
丶	점 주(점)	子	아들 자	止	그칠 지
丿	삐칠 별(삐침)	宀	집 면(갓머리)	歹(歺)	뼈앙상할 알(죽을사변)
乙(乚)	새 을	寸	마디 촌	殳	칠 수 (갖은등글월문)
亅	갈고리 궐	小	작을 소	毋	말 무
	2획	尢(兀)	절름발이 왕	比	견줄 비
二	두 이	尸	주검 시	毛	터럭 모
亠	머리 두(돼지해머리)	屮(艸)	싹날 철	氏	각시 씨
人(亻)	사람 인(인변)	山	메 산	气	기운 기
儿	어진사람 인	巛(川)	개미허리(내 천)	水(氵)	물 수(삼수변)
入	들 입	工	장인 공	火(灬)	불 화
八	여덟 팔	己	몸 기	爪(爫)	손톱 조
冂	멀 경(멀경몸)	巾	수건 건	父	아비 부
冖	덮을 멱(민갓머리)	干	방패 간	爻	점괘 효
冫	얼음 빙(이수변)	幺	작을 요	爿	조각널 장 (장수장변)
几	안석 궤(책상궤)	广	집 엄(엄호)	片	조각 편
凵	입벌릴 감 (위터진입구)	廴	길게걸을 인(민책받침)	牙	어금니 아
刀(刂)	칼 도	廾	손맞잡을 공(밑스물입)	牛(牜)	소 우
力	힘 력	弋	주살 익	犬(犭)	개 견
勹	쌀 포	弓	활 궁		5획
匕	비수 비	彐(彑)	돼지머리 계(터진가로왈)	玄	검을 현
匚	상자 방(터진입구)	彡	터럭 삼(삐친석삼)	玉(王)	구슬 옥
匸	감출 혜(터진에운담)	彳	조금걸을 척(중인변)	瓜	오이 과
十	열 십		4획	瓦	기와 와
卜	점 복	心(忄,㣺)	마음 심(심방변)	甘	달 감
卩(㔾)	병부 절	戈	창 과	生	날 생
厂	굴바위 엄(민엄호)	戶	지게 호	用	쓸 용
厶	사사로울 사 (마늘모)	手(扌)	손 수(재방변)	田	밭 전
又	또 우	支	지탱할 지	疋	필 필
	3획	攴(攵)	칠 복 (등글월문)	疒	병들 녘(병질엄)
口	입 구	文	글월 문	癶	걸을 발(필발머리)
囗	에울 위(큰입구)	斗	말 두	白	흰 백
土	흙 토	斤	도끼 근 (날근)	皮	가죽 피
士	선비 사	方	모 방	皿	그릇 명
夂	뒤져올 치	无(旡)	없을 무 (이미기방)	目(罒)	눈 목
夊	천천히걸을 쇠	日	날 일	矛	창 모
夕	저녁 석	曰	가로 왈	矢	화살 시
		月	달 월	石	돌 석

示(礻)	보일 시		谷	골 곡		\multicolumn{2}{c}{10 획}
内	짐승발자국 유		豆	콩 두		馬	말 마
禾	벼 화		豕	돼지 시		骨	뼈 골
穴	구멍 혈		豸	발없는벌레 치(갖은돼지시변)		高	높을 고
立	설 립		貝	조개 패		髟	머리털늘어질 표(터럭발)
\multicolumn{2}{c}{6 획}		赤	붉을 적		鬥	싸울 투
竹	대 죽		走	달아날 주		鬯	술 창
米	쌀 미		足(⻊)	발 족		鬲	솥 력
糸	실 사		身	몸 신		鬼	귀신 귀
缶	장군 부		車	수레 거		\multicolumn{2}{c}{11 획}
网(罒·㓁)	그물 망		辛	매울 신		魚	물고기 어
羊	양 양		辰	별 진		鳥	새 조
羽	깃 우		辵(辶)	쉬엄쉬엄갈 착(책받침)		鹵	소금밭 로
老(耂)	늙을 로		邑(⻏)	고을 읍(우부방)		鹿	사슴 록
而	말이을 이		酉	닭 유		麥	보리 맥
耒	쟁기 뢰		釆	분별할 변		麻	삼 마
耳	귀 이		里	마을 리		\multicolumn{2}{c}{12 획}
聿	붓 율		\multicolumn{2}{c}{8 획}		黃	누를 황
肉(月)	고기 육(육달월변)		金	쇠 금		黍	기장 서
臣	신하 신		長(镸)	길 장		黑	검을 흑
自	스스로 자		門	문 문		黹	바느질할 치
至	이를 지		阜(⻖)	언덕 부(좌부방)		\multicolumn{2}{c}{13 획}
臼	절구 구(확구)		隶	미칠 이		黽	맹꽁이 맹
舌	혀 설		隹	새 추		鼎	솥 정
舛(牟)	어그러질 천		雨	비 우		鼓	북 고
舟	배 주		靑	푸를 청		鼠	쥐 서
艮	그칠 간		非	아닐 비		\multicolumn{2}{c}{14 획}
色	빛 색		\multicolumn{2}{c}{9 획}		鼻	코 비
艸(艹)	풀 초(초두)		面	낯 면		齊	가지런할 제
虍	범의문채 호(범호)		革	가죽 혁		\multicolumn{2}{c}{15 획}
虫	벌레 충(훼)		韋	다룸가죽 위		齒	이 치
血	피 혈		韭	부추 구		\multicolumn{2}{c}{16 획}
行	다닐 행		音	소리 음		龍	용 룡
衣(衤)	옷 의		頁	머리 혈		龜	거북 귀(구)
襾	덮을 아		風	바람 풍		\multicolumn{2}{c}{17 획}
\multicolumn{2}{c}{7 획}		飛	날 비		龠	피리 약변
見	볼 견		食(飠)	밥 식(변)		*는	*忄 심방(변) *扌 재방(변)
角	뿔 각		首	머리 수		부수의	*氵 삼수(변) *犭 개사슴록(변)
言	말씀 언		香	향기 향		변형글자	*⻏(邑) 우부(방) *⻖(阜) 좌부(변)